Über Wilhelm Reichs OROP Wüste

Lesebegleitungen

ZU DEN SPÄTEN SCHRIFTEN WILHELM REICHS

Arnim Bechmann

ÜBER WILHELM REICHS OROP WÜSTE UND ORGONFORSCHUNG

Eine Lesebegleitung

Mit einem Beitrag von Richard A. Blasband

Zweitausendeins

Lesebegleitungen
zu den späten Schriften Wilhelm Reichs,
herausgegeben von Martin Weinmann

Originalausgabe.
1. Auflage, November 1995.
2. Auflage, November 1997.

Die Übersetzung des Beitrags von R. A. Blasband aus dem Amerikanischen hat Karl Heinz Siber besorgt.

Lektorat: Ekkehard Kunze und Martin Weinmann (Büro W), Wiesbaden
Herstellung: Eberhard Delius, Berlin
Satz: Offizin Götz Gorissen, Berlin
Druck: Wagner GmbH, Nördlingen
Einband: G. Lachenmaier, Reutlingen
Printed in Germany

Dieses Buch gibt es nur bei Zweitausendeins
im Versand (Postfach, D-60381 Frankfurt am Main)
Telefon 01805-23 20 01, Fax 01805-24 20 01 oder
in den Zweitausendeins-Läden in Berlin, Düsseldorf, Essen, Frankfurt, Freiburg, Hamburg, Köln, München, Nürnberg, Saarbrücken, Stuttgart.

In der Schweiz über buch 2000
Postfach 89, CH-8910 Affoltern a. A.

ISBN 3-86150-131-7

Inhalt

Über Wilhelm Reich und OROP Wüste

Im März 1952 begann Reich mit einer neuen Phase der Orgonomie ... Die neue Phase – das *Cosmic Orgone Engineering (= CORE)* – beschäftigte sich nicht nur mit kosmischen Phänomenen, dem Weltraum und Raumschiffen, sondern auch mit Wetterzuständen, Dürre und Regenmachen. Sie begann mit Reichs Entdeckung der »Schwärzung des Felsgesteins«, der tödlichen Orgonenergie in der Atmosphäre, und mit seinen Bemühungen, das tödliche Orgon mit Hilfe der Wolkenbrecher, die auch zum Regenmachen benutzt wurden, zu beseitigen.

Ilse Ollendorff-Reich[1]

Nachdem für mich nun langsam feststand, daß das Gerät funktionstüchtig war, tastete ich mich vorsichtig an die viel schwierigere Aufgabe heran, die das Verständnis der Sache betraf. Diese Ergebnisse konnten unmöglich im Rahmen orthodoxer Meteorologie erklärt werden ... Andererseits waren die Grundgesetzmäßigkeiten der Orgonenergie hinsichtlich des Wettergeschehens noch neu und weitgehend unformuliert ...

Es ist eine unbestreitbare Tatsache, daß der wesentliche Grund dafür, daß Reichs Entdeckungen bisher so wenig gewürdigt wurden, das Ausmaß dieser Entdeckungen selbst ist.

Charles R. Kelley[2]

Das erste, was Daddy sagte ... war, daß wir alle in einer unverkrampften Weise fühlen und beobachten müßten; so wie wir immer eine Weile warteten und den Himmel beobachteten, um zu sehen, was dort war und was wir fühlten, ehe wir den Wolkenbrecher einsetzten. Um ihn benutzen zu können, mußte man nämlich wissen, wie der Himmel sich anfühlte, auf diesem Gebiet entwickelten wir einiges Geschick. Wenn wir uns bisweilen an einem Tag allesamt nicht wohl fühlten, auch wenn wir weit voneinander entfernt waren, fanden wir später heraus, daß eine Atombombe gezündet worden war ...

Die Atomexplosionen fielen mit schädlichem DOR zusammen; wir konnten das sagen, weil wir jedesmal, wenn der Himmel häßlich graubraun war und die Leute sich schlecht fühlten oder elend aussahen, feststellten, daß eine Bombe explodiert war.

Peter Reich[3]

Reich hatte gelernt, gegenüber der Landschaft dieselbe scharfe Beobachtungsgabe zu entwickeln wie früher schon gegenüber seinen Patienten. Er konnte sich vom atmosphärischen Ausdruck einer Landschaft beeindrucken lassen und das in Worte fassen. »Eine Landschaft«, sagte er, »hat wie ein menschliches Wesen oder wie ein Tier einen Ausdruck und einen emotionellen Geschmack. Wenn man diesen Geschmack kennenlernen und in gutem Einverständnis *damit leben* will, braucht es Zeit, Geduld, und es darf keine Voreingenommenheiten ... oder andere Haltungen geben, die dem Lernen entgegengesetzt sind.«

Myron Sharaf[4]

Diese Phase Reichs, *Cosmic orgone engineering (CORE)* genannt, umfaßt nicht nur kosmische Phänomene und Raumschiffe. Er entdeckt auch im Dunkel der Felsen und Atmosphäre die *deadly orgone energy (DOR)*. Der Monist Reich landet nun bei einer dualistischen Kosmologie, die nicht von ungefähr dem Widerstreit von Eros und Thanatos bei Freud entspricht. Der ewige Kampf zwischen Liebe und Haß ist nur psychologischer Ausdruck dieses überzeitlichen Antagonismus.

Wilhelm Burian[5]

Freud beharrte auf seinem Dualismus. Er sagte, daß es zwei getrennte, entgegengesetzte Kräfte geben müsse. Zwei Kräfte. Das war im Zusammenhang mit dem Todestrieb... Und so sehr sich Freud mit dem Todestrieb irrte, er hatte selbst da recht. Was er mit dem Todestrieb fühlte, was er mit dem Todestrieb zu umschreiben versuchte, war eine gewisse Eigenschaft des Sterbens, den er bei menschlichen Wesen gefühlt hatte. Im physikalischen Sinne nennen wir diese Eigenschaft DOR. Es gibt eine tödliche Orgonenergie. Sie ist in der Atmosphäre. Mit Instrumenten wie dem Geigerzähler läßt sie sich messen. Sie ist wie ein Sumpf. Wissen Sie, was Sümpfe sind? Stagnierendes totes Wasser, das nicht mehr fließt und keinen Stoffwechsel hat... Sein [Freuds] Denken arbeitete mit dem Begriff des Triebes. Und deshalb wählte er den Begriff »Todestrieb«. Das war falsch. »Tod« war richtig. »Trieb« war falsch. Denn der Organismus will den Tod nicht. Er ist etwas, das dem Organismus zustößt. Deshalb ist es kein »Trieb«.

Wilhelm Reich[6]

Ich bin am Ende meines Gesprächs mit dir angelangt, Kleiner Mann... Ob du mich nun als Genie in den Himmel hebst oder mich in eine Heilanstalt steckst, ob du mich als deinen Retter anbetest oder als Spion aufhängst, früher oder später wird dich die Notwendigkeit dazu zwingen einzusehen, daß ich die *Gesetze des Lebens* entdeckt und dir das Handwerkszeug gegeben habe, dein Leben mit einem bewußten Ziel meistern zu können, wo du vorher nur in der Lage warst, Maschinen zu beherrschen. Ich bin ein treuer Ingenieur deines Organismus gewesen.

Deine Enkel werden in meine Fußstapfen treten und gute Ingenieure der menschlichen Natur werden.

Ich habe dir den unendlich weiten Bereich des Lebens in dir erschlossen, den deiner kosmischen Natur.

Das ist mein großes Verdienst.

Wilhelm Reich[7]

Vorbemerkung

Im Frühjahr 1995 fragte mich der Verlag Zweitausendeins, ob ich bereit wäre, eine Lesebegleitung zur deutschen Ausgabe des von Wilhelm Reich 1953 verfaßten Berichtes *OROP Wüste* zu schreiben. Die Frage traf mich unvorbereitet und löste in mir Unbehagen aus, war mir doch von Anfang an bewußt, wie schwierig es sein würde, diesen Teil des Reichschen Spätwerkes fair zu kommentieren. Wetterbeeinflussung durch Metallrohre und der persönliche Kontakt mit Außerirdischen sind Themen, die innerhalb der Naturwissenschaften keinen Platz haben. Bestenfalls am wissenschaftlichen Feierabend kann beim Bier über so etwas spekuliert werden.

Nimmt man *OROP Wüste* auch nur ein wenig ernst, so berührt es einen der Zentralnerven unseres heutigen wissenschaftlichen Weltbildes. Sich auf eine Debatte über die »Wahrheit« von *OROP Wüste* im wissenschaftlichen Bereich ungeschützt einzulassen, setzt den Mut zum freien Schlagabtausch mit einem kräftigen, kampfgewohnten Riesen voraus.

Nach einigem Zögern habe ich mich entschlossen, den erbetenen Text zu schreiben und gleichzeitig zu versuchen, den Schlagabtausch, der letztendlich zu nichts führt, zu vermeiden. Mir kommt es im folgenden nicht darauf an zu beurteilen, ob Wilhelm Reich recht oder unrecht hat, sondern ich möchte nach einer »wissenschaftsfähigen« Prozedur suchen, wie man mit naturwissenschaftlich interessanten Außenseitern – und dazu gehört Wilhelm Reich – allgemein umgehen kann. Es sollte möglich sein, sich intensiv mit Reich zu beschäftigen, ohne sofort dazu gedrängt zu werden, sich für oder gegen eine Anhängerschaft zu Wilhelm Reich entscheiden zu müssen, so als gäbe es kein Drittes oder Viertes.

Ich selbst beschäftige mich mit dem Werk Wilhelm Reichs in unterschiedlicher Intensität seit Ende der sechziger Jahre. Ein Großteil seiner Schriften und einiges der reichianischen Literatur ist mir bekannt. Ich habe Erfahrung mit Bioenergetik und mit Orgonakkumulatoren gesammelt sowie mit letzteren und mit dem Medicobuster experimentiert. Um den Cloudbuster habe ich bislang bewußt einen Bogen gemacht.

Ich verstehe mich als »normalen Wissenschaftler« und nehme in der gängigen Umweltforschung meinen Platz ein (Systemanalyse und Umweltmanagement, Umweltprobleme und Umweltpolitik). Darüber hinaus beschäftige ich mich mit Fragen nach der Organisation von Leben und auch damit, inwieweit unser heutiges, durch Ökologie strukturiertes biologisches Weltbild erweiterungsbedürftig und entwicklungsfähig ist. Dieser Fragestellung versuche ich im Rahmen des Konzeptes einer »nachmaterialistischen Naturwissenschaft« nachzugehen. »Nachmaterialistische Naturwissenschaft« ist ein vorläufiger Arbeitsbegriff, der ein naturwissenschaftliches Konzept bezeichnet, in dem die Annahme von der Existenz lebensorganisierender, auf Gesetze der herrschenden Chemie oder Physik nicht reduzierbarer Kräfte für denkbar gehalten wird. Wilhelm Reich ist einer von mehreren Forschern unseres Jahrhunderts, die ein in diesem Sinne nachmaterialistisches Werk vorgelegt haben (vgl. Bechmann, 1995).

Wilhelm Reich ist für mich somit Thema in doppeltem Bezug, das heißt in der Relation zur herrschenden Naturwissenschaft und zu anderen, von seiner Sicht der Dinge wesentlich abweichenden Forschern, wie etwa Jakob von Uexküll, Adolf Meier-Abich oder Hans Driesch, Viktor Schauberger oder Rudolf Steiner, um nur einige Repräsentanten von wissenschaftsorientierten Weltsichten zu nennen, die dem weiten Begriff einer »nachmaterialistischen Naturwissenschaft« zugeordnet werden können.

Vieles an und um Wilhelm Reich war und ist strittig. Unstrittig erscheint mir jedoch, daß Wilhelm Reich einer der interessantesten Wissenschaftler unseres Jahrhunderts war, daß er wissenschaftsorientiert Impulse für den Umgang mit Leben und Welt gesetzt hat, die weit über das hinausgehen, was ein einzelner Forscher in der Regel zu bewirken vermag, daß er in seinen Publikationen auch elementare Irrtümer hinterlassen hat und an von ihm nicht überwundene Grenzen gestoßen ist und in bezug auf sein wissenschaftliches Werk eine äußerst umstrittene und sehr streitbare Persönlichkeit war.

Doch zurück zur Fragestellung dieses Textes: Wie ist nun mit dem Werk Wilhelm Reichs und insbesondere mit einem seiner strittigsten Teile, nämlich *OROP Wüste*, umzugehen? Ist die von Reich behauptete Steuerbarkeit des Wetters mit Hilfe des Cloudbusters möglich oder nicht? Wenn sie möglich ist, wie soll sie sozialverantwortlich gehandhabt werden? Schon diese sich aus *OROP Wüste* ergebenden Fragen beinhalten viel Sprengstoff, der noch brisanter wird, wenn das Thema »außerirdische Raumschiffe« und ihr Eingriff in das alle Menschen betreffende Wetter sozusagen als ideologischer Turbolader hinzukommt. Wie soll man unter diesen Gegebenheiten dem Streit für oder gegen Wilhelm Reich entkommen?

Wer sich auf diesen Streit einläßt, der riskiert allerdings, darin zerrieben zu werden, sei es als »gläubiger Reichianer«, der sich für Wilhelm Reich begeistert, aber undifferenziert Partei ergreift, sei es als permanenter Skeptiker, der sich, einem Voyeur gleich, Reich zwar nähert, mit ihm kokettiert, sich im Verhältnis zur herrschenden Naturwissenschaft an ihm ideologisch aufputscht, aber es dabei auch bewenden läßt und keine praktischen wissenschaftsfähigen Konsequenzen aus seiner Kenntnis des Reichschen Werkes zieht; oder als jemand, der

Reich ebenso ernst nimmt wie andere derzeit anerkannte Wissenschaftler, den man aber dafür im gängigen Wissenschaftssystem ausgrenzt, weil er es gewagt hat, die Grenze zur Orgonomie zu überschreiten.

Im folgenden versuche ich Wilhelm Reich aus der Position des Berichtenden darzustellen, der zwar eine eigene Position hat, aber nicht anstrebt, diese durch Überzeugungsdruck zu verbreiten. Eine Überzeugung für oder gegen Reich kann letztendlich nur das Ergebnis eines Lernprozesses des einzelnen sein. Eine Überzeugung von außen, ohne die Bereitschaft, sich auf das Paradigma Wilhelm Reichs in irgendeiner Form einzulassen, ist mit den Mitteln von Wissenschaft nicht möglich. (Dies gilt natürlich nicht nur für Wilhelm Reich, sondern für jede neue, wissenschaftlich gestützte Sicht der Welt.)

Als Kommentator von *OROP Wüste* gehe ich in folgenden Schritten vor:

- Im ersten Abschnitt *OROP Wüste und das Spätwerk Reichs* versuche ich das Anliegen sichtbar zu machen, das *OROP Wüste* verfolgt, und die Dimensionen der Abweichung zu umschreiben, durch die sich das Spätwerk Reichs vom herrschenden naturwissenschaftlichen Weltbild absetzt.
- Der Streit um die »Wahrheit« dieser abweichenden Weltsicht ist auf der Ebene naturwissenschaftlicher Paradigmen auszutragen. Dort ist er jedoch nicht zwingend entscheidbar. Dies diskutiere ich im Abschnitt *Wissenschaft und Welterkenntnis*. Dabei ist es notwendig und ein zentraler Kern meiner Argumentation, auf die grundsätzliche wissenschaftstheoretische Debatte einzugehen. Deshalb habe ich meine Darstellung im *Anhang* um das Kapitel *Wissenschaft – die Suche nach der Wahrheit in paradigmatischen Festungen* ergänzt. Ich möchte die Leserinnen und Leser ausdrücklich bitten, diesen Teil nicht zu überschlagen; ohne ihn fehlen meiner Herangehensweise an das Werk von Reich gleichsam die Füße.
- Struktur, Inhalt und Grenzen des naturwissenschaftlichen

Forschungsprogramms in den späten Schriften Reichs umreiße ich im Kapitel *Das Paradigma der Orgonomie.*

- Der anschließende Abschnitt *OROP Wüste: Forschungsbericht oder Science-fiction?* kommentiert den Text aus der Perspektive des orgonomischen Paradigmas und aus der Sicht von »Wissenschaft als Handwerk«.
- Wenn *OROP Wüste* eine empirische Basis hat, stellt sich unmittelbar die Frage nach den praktischen Konsequenzen, die aus diesem Text zu ziehen sind. Diese Frage, die um so drängender ist, als heute weltweit an verschiedenen Orten mit dem Cloudbuster operiert wird, diskutiere ich im Abschnitt *Cloudbusten heute: Einstieg in eine Großtechnologie?*
- Im Schlußkapitel *Was tun mit OROP Wüste?* möchte ich meinen Vorschlag zur Diskussion stellen, wie heute und im Rahmen künftiger Forschung und Praxis mit dem Spätwerk Wilhelm Reichs umgegangen werden kann.

Mit dem vorliegenden Text habe ich zwar einen ersten Versuch unternommen, das Paradigma der Orgonomie in seinen Grundlinien zu rekonstruieren. Der Zweck meines Beitrags bleibt aber der einer *Lesebegleitung*, mit der eine der späten Schriften Wilhelm Reichs kommentiert werden soll.

Grundkenntnisse der Orgonomie werden dabei vorausgesetzt.

Ich danke Heiko Lassek und Martin Weinmann, die mich ermutigt und angeregt haben, diesen Text zu schreiben. Ich danke Marianne Möllner, die das Manuskript getippt und bei den Änderungen und Korrekturen Beharrlichkeit und viel Geduld bewiesen hat. Ein besonders herzlicher Dank gilt Bernd Senf, der das Manuskript sehr sorgfältig gelesen, solidarisch kritisiert und mir viele hilfreiche Hinweise gegeben hat. Für Mängel oder Fehler in diesem Text, der unter großem Zeitdruck verfaßt wurde, will ich aber mit der Bitte um Nachsicht selbst einstehen. Und Sie, liebe Leserin, lieber Leser, möchte ich mit meinem Text, bildlich gesprochen, an die Schwelle zu einem Raum führen und die Tür etwas aufstoßen, so daß Sie in ihn hineinschauen können. Ich möchte Sie weder überreden, diesen Raum zu betreten, noch Sie davor abschrecken, das zu tun. Die Entscheidung liegt bei Ihnen.

OROP Wüste und das Spätwerk Reichs

Der Platz im Gesamtwerk

Der Bericht *OROP Wüste* ist in den Jahren 1953/54 geschrieben und gehört zu Reichs Spätwerk. Er setzt viele Erkenntnisse der Orgonomie voraus, die Wilhelm Reich seit Ende der zwanziger Jahre durch allgemeine Beobachtungen und in Forschungsprojekten gewonnen hat. Ein Teil dieser Erkenntnisse war beim Erscheinen von *OROP Wüste* bereits publiziert.

Wilhelm Reich gehört zweifelsohne zu den imposanten und produktiven Wissenschaftlern unseres Jahrhunderts. Sein Werk übertrifft hinsichtlich des qualitativen Umfanges, der inneren Stringenz, der Logik seiner Entwicklung und der Vielzahl der integrierten empirischen Forschungsarbeiten bei weitem, was ein Wissenschaftler im Durchschnitt zu leisten vermag.

Ausgehend von der Frage, was denn nun die von Freud in die Psychoanalyse eingeführte Libidoenergie konkret sei, hat Wilhelm Reich im Flusse seines Schaffens sein Konzept von Lebensenergie entwickelt. Diese Energie ist für ihn im engeren Sinn als Sexualenergie und im weitesten Sinn als allgemeine, allen materialen Vorgängen vorgelagerte, universal vorhandene Orgonenergie zu deuten. Jede der Etappen des Forschungs- und Erkenntnisweges schildert die Möglichkeit, unter Beachtung der Gesetzmäßigkeiten der Orgontheorie, regulierend in Leben einzugreifen. Jede hat ein spezifisches empirisches Fundament. Die auf den einzelnen Entwicklungsstufen gewonnenen Erkenntnisse hat Reich stets auch in praktische Umgangsformen mit Leben umsetzen können. Dies gilt sowohl für die bereits sehr früh entwickelte Technik der Charakteranalyse, für die Vegetotherapie, für die Nutzung des Orgonakkumulators, für die Krebstherapie, für den Umgang mit niedrigstrahlender Radioaktivität und schließlich auch für das Cloudbusten zur Beeinflussung von Wettersituationen.

Auffällig und wirklich bemerkenswert an Reichs Forschungsarbeiten ist, daß sie systematisch aufeinander aufbauen und jedes neue Thema sich aus den bereits bearbeiteten Themen heraus entwickelt. Es gibt nur wenige Naturwissenschaftler, die eine solche Kontinuität in der Entfaltung ihres wissenschaftlichen Werkes aufweisen können.

Reich behielt zwar stets eine Grundfragestellung im Auge – dies war die Frage nach der Qualität und den Gesetzmäßigkeiten von Lebensenergie –, überschritt dafür jedoch ohne Scheu disziplinäre Grenzen, wenn es ihm von der Sache her angezeigt erschien. Er bewegte sich häufig in Wissenschaftsgebiete hinein, in denen er zunächst Laie – bei der Meteorologie sogar völliges Greenhorn – war. Dies hat ihn jedoch nicht davon abgehalten, seinen eigenen Forschungsansatz und Beitrag zu solcherart betretenen Disziplinen sehr systematisch und gut durch Beobachtungen zu fundieren. Seine »wissenschaftsorganisatorische« Einbindung in die ihn dabei jeweils umgebende Fachdisziplin bleibt gering – und das nicht nur aus paradigmatischen Gründen, sondern aufgrund seiner eigenen, trotz aller Belesenheit und Offenheit für neue Themenbereiche begrenzten Kenntnis der betreffenden Fachdisziplin. Dies wird besonders da deutlich, wo er einer etablierten Fachwissenschaft kritisch und kritisierend gegenübertritt. Diese Kritik ist von seinem Standpunkt und aus seiner Sichtweise der Dinge oft allzu gut verständlich. Sie ist aber häufig in einer Art und Weise formuliert, die es der jeweiligen Fachwissenschaft schwer macht, Reichs Argumente nachzuvollziehen oder gar anzunehmen.

OROP Wüste steht in einem theoretischen Kontext, mit dessen Formulierung Reich das Fundament herrschender Naturwissenschaft bereits verlassen hatte und ein eigenes, orgonomisches Fundament zu legen versuchte. Es dürfte daher auf theoretischer Ebene kaum möglich sein, das Reichsche Konzept der Wetterbeeinflussung aus der Sicht der herrschenden Meteorologie fair zu beurteilen. Ebenso muß aus Sicht der etablierten Meteorologie der Cloudbuster selbst eher als Faschingsartikel denn als ernstzunehmende Apparatur zur Wetterbeeinflussung erscheinen.

Andererseits läßt sich das Konzept der orgonenergetischen Grundlage von Klima und Wetter gut in die Landschaft der orgonomischen Theorie integrieren und sinnvoll mit Alltagserfahrungen in Verbindung setzen. Reich tut dies auf eine sehr plausible Weise, wenn er Verknüpfung von Wetter und emotionaler Empfindlichkeit, insbesondere in klaren OR- oder DOR-Situationen, betont hervorhebt.

Um den Text *OROP Wüste* richtig einzuschätzen, ist es wichtig, ihn im Spätwerk Reichs zu situieren. Liest man diesen Text isoliert, ohne genügend Vorkenntnisse der Orgonomie zu haben und ohne das Augenmerk auf das Reichsche Konzept von Naturbeobachtung zu legen, so mag er nicht nur wegen seiner formalen Schwächen, sondern vor allem auch aufgrund seiner Thematik als konfus oder gar als lächerlich erscheinen. Wenn man aber das Gesamtwerk als theoretischen Rahmen für *OROP Wüste* zur Kenntnis nimmt, dann ändert das zwar nichts an den formalen Schwächen, aber die inhaltlichen Aussagen des Textes ergeben im orgonomischen Weltbild sehr viel Sinn, und die Berichte über Versuche der Wetterbeeinflussung erscheinen glaubwürdig.

Unabhängig davon, wie man Reich einschätzt, kann man aufgrund seiner Biographie verneinen, daß er Fakten oder Berichte über empirische Vorgänge erfunden hat. Selbsttäuschungen sind – wie bei jedem anderen empirisch arbeitenden Wissenschaftler auch – natürlich nie ganz auszuschließen.

ANLAGE 1 Die Entwicklung des orgonomischen Paradigmas in den späten Schriften W. Reichs

1938	*Die Bione – Zur Entstehung des vegetativen Lebens*	Wilhelm Reich beschreibt die Manifestation von Lebensenergie auf der Ebene von Einzellern. Mit der Entdeckung und der Erforschung der »Bione« meint er nachweisen zu können, daß Leben immer wieder neu entstehen kann und neu entsteht. Bione sind für Reich Vorstufen des Lebendigen.
1942	*Die Entdeckung des Orgons I: Die Funktion des Orgasmus*	Reich schildert die Entwicklung seiner Erkenntnisse, ausgehend von seinen Forschungen zur Psychoanalyse im Sinne Sigmund Freuds, über eine biologische Vertiefung der Sexualwissenschaft hin zur Orgasmustheorie. Daran anschließend stellt er seine Arbeiten zur Charakteranalyse und die sich daraus entwickelnde Therapietechnik der Widerstandsanalyse dar. Dies führt ihn zur systematischen Untersuchung des Orgasmusreflexes und zur Erkundung von Möglichkeiten der Wahrnehmung und Messung von Bioenergie. Reich unternimmt es darüber hinaus, bioenergetische Grundlagen für individuelles und gesellschaftliches Handeln aufzuzeigen.
1948	*Die Entdeckung des Orgons II: Der Krebs*	Reich schildert die Erforschung der Bione und die sich daraus ergebende Entdeckung der ungebundenen Orgonenergie. Er stellt physikalische Eigenschaften von Orgonenergie dar. Am Beispiel von Therapien mit Krebskranken

		entwickelt er das Konzept der Biopathie, der Krebskrankheit und der Orgontherapie.
1949	*Äther, Gott und Teufel*	Reich gibt eine »naturphilosophisch« deutende Darstellung des Konzeptes der Orgontheorie. Er interpretiert religiöse Aussagen und Erfahrungen aus »naturwissenschaftlich-orgonomischer« Sicht.
1951	*Die kosmische Überlagerung*	Reich beschreibt allgemeine Grundsätze der Orgonenergie. Er will damit die Verankerung des Menschen in der ihn umgebenden Natur und im Kosmos aufzeigen. Er deutet dynamische Prozesse in der Natur als Wirkung der Überlagerung von orgonomischen Systemen und legt das Konzept seiner Forschungsmethode, den »orgonomischen Funktionalismus«, dar.
1951	*Der Orgonenergieakkumulator*	Reich beschreibt Aufbau und Wirkungsweise des Orgonakkumulators.
1951	*Das Oranur-Experiment – Erster Bericht*	Reich berichtet über physikalische Experimente, über die Wechselwirkung von Radioaktivität und hochkonzentrierter Orgonenergie, die zum Teil beträchtliche Folgen für Experimentatoren und Umwelt hatten. Er stellt dar, wie mit Hilfe des Geiger-Müller-Zählers und mit Hochvakuumröhren auf die Intensität eines Orgonfeldes geschlossen werden kann. Der »Oranur-Effekt«, der im Mittelpunkt des Berichtes steht, zeigt ein intensives Zusammenwirken von niedrigstrahlender

		Radioaktivität und hochkonzentrierter Orgonenergie, das zur Bildung von DOR und allen sich daraus ergebenden schädlichen Folgen für Mensch und Natur führt.
1953	*Christusmord*	Reich deutet die Entstehung des Christentums und seine Entwicklung aus orgonomisch-psychologischer Sicht. Er will an diesem Beispiel die Wirkung freier und blockierter Orgonenergie als Grundlage menschlichen Fühlens, Denkens und Handelns erläutern und Wege zur Befreiung von der »emotionalen Pest« aufzeigen.
1954	*OROP Wüste. Raumschiffe, DOR und Dürre*	Reich beschreibt die Erfindung des Cloudbusters und schildert Experimente zur Wetterbeeinflussung mit Hilfe dieses Gerätes. Er begründet die Annahme, daß außerirdische Raumschiffe eine wesentliche Mitursache für die Entstehung von atmosphärischem DOR seien.
1957	*Das Oranur-Experiment – Zweiter Bericht*	Reich beschreibt eine Möglichkeit, den Cloudbuster technisch in seiner Wirkung beträchtlich zu steigern. Er berichtet über Experimente mit Raumschiffen, die er mit seinem Cloudbuster beeinflußt. Reich beschreibt eine Expedition zur Revitalisierung einer Wüstenlandschaft und entwickelt die Theorie über die Gesetzmäßigkeiten der atmosphärischen Orgonenergie weiter. Der Bericht dokumentiert auch Reichs erfolglose Versuche, Aufmerksamkeit und Unterstützung durch amerikanische Behörden zu erlangen.

Liest man *OROP Wüste* naiv, unvoreingenommen und ohne Kenntnis der Reichschen Orgontheorie, so hat man kaum eine Chance, das Buch zu verstehen. Liest man es mit Kenntnis der Reichschen Orgontheorie, wird man entdecken, daß der Text kohärent und in hohem Maß in sich stimmig ist, steht dann aber vor einem neuen, noch gravierenderen Problem. Reichs Sichtweise der Welt weicht fundamental von der Weltsicht herrschender Naturwissenschaften ab. Reich glaubt, diese Kluft durch empirische Argumente, durch Beobachtungen und durch die Ergebnisse von Orgon-Engineering überbrücken zu können.

Historisch ist ihm dies nicht gelungen. Die Orgonomie ist ein Inselbereich geblieben. Wissenschaftler, die orgontheoretisch argumentieren oder forschen, haben bislang keine Chance, im traditionellen Kontext Anerkennung zu finden. Und umgekehrt haben Wissenschaftler, die im traditionellen Kontext ausgewiesen und verankert sind, noch keinen Zugang zur Reichschen Orgonomie gefunden.

Orgonomie und etablierte Naturwissenschaft scheinen sich unvereinbar gegenüberzustehen. Keine Empirie und keine Praxis vermochte in der Vergangenheit die sich zwischen beiden Wissenschaftskonzepten auftuende Kluft zu überbrücken. Die Reichschen empirischen Belege zur Orgonomie erscheinen aus der Sicht etablierter Naturwissenschaft als Humbug, als Fehlinterpretation oder als Überspitzung der Deutung von Beobachtungen.

Die Zumutung

OROP Wüste ist für den naturwissenschaftlich gebildeten Zeitgenossen ein harter Brocken – und zwar in mehrfacher Hinsicht:

Die Schrift wurde 1954 zum erstenmal veröffentlicht und steht somit am Ende des Reichschen Werkes. In ihr wird viel über Orgonomie und Reichs Forschungsmethode vorausgesetzt, was an anderer Stelle ausführlicher dargestellt und kommentiert ist. Diese Rückgriffe macht Reich allerdings im Text nicht deutlich, so daß die Voraussetzungen zur Orgonomie, mit denen Reich in *OROP Wüste* arbeitet, unvollständig dargelegt sind. *OROP Wüste* ist folglich nicht ohne die Beachtung weiterer Schriften von Reich verständlich und nachvollziehbar.

Auf der Ebene der Sachaussagen ist die Zumutung noch größer. Reich verbindet drei Themenbereiche, von denen jeder für sich schon derart problematisch ist, daß bislang keiner von ihnen zu einem eigenständigen Gegenstand naturwissenschaftlicher Forschung gemacht wurde.

- Durch die Annahme einer allgegenwärtigen »Lebensenergie« (Reich nennt sie Orgonenergie) stellt er sich weit außerhalb des gängigen naturwissenschaftlichen Weltbildes.
  Die von Reich behauptete Existenz einer verdichteten Orgonhülle der Erde, deren jeweilige regionale und lokale Beschaffenheit wesentlich wetterprägend wirkt, findet in der herrschenden Meteorologie keine Resonanz. Damit ist der Leser gezwungen, sich entweder für das herrschende naturwissenschaftliche Weltbild oder für das Reichianische Weltbild zu entscheiden. Nur der, der sich der von Reich entworfenen Weltsicht anschließt, kann die Schritte, die zur Entwicklung einer Technologie des Wettermachens führen, nachvollziehen.
- Der Entwurf einer Technologie des Wettermachens sowie Berichte über angeblich erfolgreiche Einflußnahmen auf die Wettersituation und über erste Revitalisierungen in Wüsten sind Sensationsthemen. Würden sie als Forschungen und Entdeckungen ernst genommen, so wären sie nobelpreisverdächtig. Der vorsichtige Betrachter wird sich deshalb fragen: Wieso nimmt sie niemand ernst? Handelt es sich vielleicht doch nur um Spinnerei, der man nicht sachkundig nachgehen kann?
- Und schließlich die Behauptung, daß außerirdische Raumschiffe die Orgonenergiehülle der Erde und damit die Le-

bensprozesse auf unserem Planeten beeinflussen und vermutlich beeinträchtigen (DOR und Melanor-Bildung), scheinen von unserer Alltagserfahrung weit weg und tief hinein in den Bereich der Science-fiction zu führen, aber nicht die Gefilde der Wissenschaftlichkeit anzusteuern. Wer Reich hier ohne Skepsis folgt, muß der sich nicht entgegenhalten lassen, einer für einen Wissenschaftler bizarren Fantasieargumentation aufgesessen zu sein?

Das Verständnis wird zusätzlich durch seine »handwerkliche Unfertigkeit« erschwert: Das Manuskript erschien 1954 als Forschungsbericht des Orgon-Instituts, der zunächst Vorgehensweisen, Überlegungen und Ergebnisse mitteilt und sich nicht an das breitere wissenschaftliche Publikum wendet. Solche Pre-Prints dienen üblicherweise zur Information der an ähnlichen Themen arbeitenden Fachkollegen, bei denen man voraussetzen kann, daß sie über Lücken der Argumentation oder über noch nicht genau abgeklärte Begriffe hinwegsehen, sofern zum Kern der Sache etwas Neues und Produktives gesagt wird. Sie sind in der Regel nicht für die breitere Öffentlichkeit gedacht.

OROP Wüste hätte aus mehreren Gründen eine Überarbeitung gut getan. Der Aufbau erweist sich zwar als sinnvoll, nicht aber als systematisch. Die verwendeten Begriffe sind zum Teil unklar oder gar widersprüchlich und nicht sauber aufeinander abgestimmt. Der Text enthält Wiederholungen, und die eingeschobenen Zusammenfassungen helfen nicht immer, den roten Faden im Auge zu behalten.

Mit diesen und vielleicht noch weiteren Zumutungen oder auch Hindernissen gilt es fertig zu werden, will man *OROP Wüste* möglichst vorurteilsfrei auf sich wirken lassen. In dieser Schrift scheint sich die ganze Problematik der Forschungsarbeiten Wilhelm Reichs exemplarisch aufzutürmen. Dies macht sie allerdings zugleich auch sehr interessant. Als Spätwerk des Reichschen Schaffens zeigt sie, wohin und zu welchen Konsequenzen der von ihm eingeschlagene Forschungsweg führt.

Wenn Cloudbusten »funktioniert« und nicht der »größenwahnsinnige« Humbug ist, für den man es (womöglich eben doch allzu schnell und allzu leicht) halten kann, dann haben wir es mit einer harten und weitreichenden Technologie zu tun, die gleichsam auf den *Puls* unserer Biosphäre zielt. Der Orgonomie zufolge ist *Cosmic Engineering* eine Technologie, die auf kurzem Weg in die allgemeinen Lebensverhältnisse und -bedingungen eingreift. Wenn wir eine Technologie nicht wegen der Komplexität der eingesetzten Instrumente und Apparate Großtechnologie nennen, sondern deswegen, weil sie auf *Elementar*prozesse zielt und die *allgemeinen* Lebensbedingungen auf unserem Planeten verändert, dann ist *Cosmic Engineering* hinsichtlich des Wirkungspotentials eine Großtechnologie von einer ähnlichen Dimension wie die Atom- oder die Gentechnologie. Daß *universelle* und *irreversible* Prozesse mit derart simplen Geräten und vergleichsweise einfachen Methoden in Gang gesetzt werden können, mag phantastisch klingen, ist aber zumindest vorstellbar.

Reich selbst hat diese Problematik durchaus gesehen, wie die Denkschriften belegen, in denen er Regierungsbehörden ebenso hartnäckig wie folgenlos über seine Experimente informiert hat. Die postulierten Folgen und Implikationen ökologischer, geopolitischer, sozialer und wirtschaftlicher Art, die mit dem Projekt des *Cosmic Engineering* verbunden sind, sind immens und derzeit kaum absehbar. Darin liegt die letzte und größte Zumutung von *OROP Wüste*.

Viele Menschen neigen heute dazu, sich Großtechnologien gegenüber konservativ zu verhalten, weil sie zu fürchten gelernt haben, daß mit ihnen womöglich die Büchse der Pandora geöffnet wird. Wie auch immer, Reich hat sich angesichts des fehlenden Echos von politischer Seite zu dem Entschluß durchgerungen, einen »ethisch ungeschützten« technokratischen Zugang zu einer das Leben unterstützenden, andererseits aber auch hochdestruktiven Technologie zu eröffnen, deren Brisanz nicht zum wenigsten darin liegt, daß sie mit einfachsten Mitteln ins Werk zu setzen ist.

Daß diese Technologie in bestimmtem Maßstab seit Jahrzehnten angewandt wird, ist im öffentlichen Bewußtsein bis heute mehr oder weniger nicht registriert worden und undiskutiert geblieben. Nicht zuletzt aus diesem Grund ist eine Publikation der späten Schriften Wilhelm Reichs heute ein dringendes Desiderat.

Im vorliegenden Kommentar zu *OROP Wüste* möchte ich mich nicht auf die Frage konzentrieren: »Funktioniert Cloudbusten oder funktioniert es nicht?« Vielmehr will ich einiges zu den Voraussetzungen sagen, unter denen es möglich werden könnte, über Cloudbusten im Rahmen eines wissenschaftlichen Diskurses zu sprechen.

Orgonomie – eine »Insel«-Wissenschaft?

Wilhelm Reich hat im Verlauf seines Lebens mit wechselnder Intensität immer wieder um wissenschaftliche Anerkennung gerungen. Für ihn stand außer Frage, daß sein Tun Wissenschaft war, und zwar Wissenschaft im Sinne von Erkenntnisfortschritt, von pionierhaftem Forschen. Erleben zu müssen, wie wenig sich die etablierte Wissenschaft für sein Tun interessierte, mag für ihn sehr schmerzhaft gewesen sein. Da, wo er glaubte, überzeugen zu können (Bionexperimente, Orgonakkumulator), lief er bestenfalls ins Leere. Seine Versuche, die Bionexperimente durch die französische Akademie der Wissenschaften anerkennen zu lassen oder Einstein von der Wirksamkeit des Orgonakkumulators anhand der Temperaturdifferenz zwischen der Umgebung und dem Inneren dieses Gerätes zu überzeugen, schlugen bekanntlich fehl. Schlimmer noch waren die Phasen, in denen er um seines Werkes und seines Erkenntnisanspruches willen verfolgt wurde (Sexualforschung, Orgonakkumulator usw.).

Wilhelm Reich hat sich notgedrungen mit dieser Situation abgefunden. Er hat versucht – und was liegt näher – sie zu verarbeiten, das heißt zu verstehen. Dabei hat er den Weg beschritten, den ihm sein wissenschaftliches Konzept anbot – die psychologische und orgontheoretische Erklärung: Den Kern seines wissenschaftlichen Schaffens bildet nach seiner Auffassung die Entdeckung der Orgonenergie. Sie war für ihn in vielen Lebensprozessen wahrnehmbar, und mit ihrer Hilfe konnte er beeindruckende Deutungen von einzelnen Ausschnitten der Welt, wie beispielsweise der Charakterbildung, der Krebsentstehung, von Gesetzmäßigkeiten der Wetterentwicklung, und vielem mehr formulieren.

Reich deutete die ihm entgegentretende Ignoranz psychologisch, das heißt im Rahmen seiner Theorie als eine in unserer Gesellschaft massenhaft verbreitete emotionale Störung. Emotional gepanzerte Menschen können nach Reich das Strömen der Orgonenergie, ihre Pulsation und damit ihre Lebendigkeit nicht unvoreingenommen oder überhaupt nicht subjektiv wahrnehmen. Häufig bekämpfen sie sogar gerade das Lebendige (in ihm äußert sich die Orgonenergie) mit Haß (emotionale Pest). Wie Wilhelm Reich meint, ahnen sie in der Tiefe ihrer Person ihr nicht gelebtes Leben, ihre unentfaltete genitale Sexualität. Was sie sich aufgrund ihrer Panzerung selbst nicht zugestehen können, bekämpfen sie auch in der sie umgebenden Welt. So gründet sich Angst vor Leben und bildet sich Haß auf Lebendiges.

Nur der orgonomisch Gesunde ist nach Reich in der Lage, orgonomische Phänomene vorurteilsfrei wahrzunehmen. Die Gruppe dieser Menschen hält Reich für sehr klein. Kinder und Mitglieder sogenannter primitiver Kulturen haben sehr viel mehr Chancen, zu ihr zu gehören, als erwachsene Menschen der industriellen Zivilisation. Reich deutet seine Diskriminierung und die Nichtbeachtung seines wissenschaftlichen Werkes als Ausdruck einer kranken Gesellschaft, die das Lebendige bekämpft. Er weist sich und seinen Anhängern somit die Rolle des Opfers einer gerechten wahren Sache in einer gestörten Welt zu. Diese Interpretation der Ablehnung der Orgonomie, so menschlich und nachvollziehbar sie uns erscheinen mag, läßt letztendlich keine Kommunikation unter Beibehaltung konträrer Standpunkte und damit auch kein auf Toleranz gegründetes Gespräch mehr zu.

Auch wenn Wilhelm Reich mit dieser Deutung der Dinge sicherlich wichtige Aspekte seiner Realität benennt, halte ich es für nicht angemessen, sich ihr anzuschließen. Es gibt zumindest noch eine weitere sehr gewichtige Ursache, die die Nichtbeachtung des Reichschen Werkes seitens der herrschenden Wissenschaft bedingt. Sie beruht darauf, daß wissenschaftliche Erkenntnis nie »absolut« sicher und nie voraussetzungsfrei sein kann. Mit ihr wollen wir uns im nächsten Abschnitt und in dem zugehörigen Anhang beschäftigen.

Wissenschaft und Welterkenntnis

Weshalb Reich wissenschaftliche Anerkennung weitgehend versagt blieb, wird in seiner Tragik und in seiner »Notwendigkeit« besser verständlich, wenn wir es aus der wissenschaftstheoretischen anstatt aus der psychologischen Perspektive heraus betrachten.

Die »Orgontheorie« (Orgonomie) schälte sich nach und nach als theoretischer Kern und Leitidee seiner Forschungen heraus, mit ihr deutete er seine Experimente und praktischen Erfahrungen. Zugleich formulierte er sein orgonomisches Theoriekonzept aufgrund von Experiment und Erfahrung. Die von aller Experimentalwissenschaft angestrebte gegenseitige Befruchtung von Theorie und Praxis entwickelte sich bei Reich mit zunehmender Dynamik. Reich beobachtete die Welt nicht nur immer selbstverständlicher und differenzierter im Blick auf unmittelbar wahrnehmbare orgonomische Phänomene, sondern er überarbeitete ab der zweiten Hälfte der vierziger Jahre die wichtigsten seiner früheren Werke vor dem Hintergrund der von ihm ständig weiterentwickelten Orgontheorie.

Ab dieser Zeit legte Reich dabei ein Forschungstempo vor, dem seine Umgebung kaum noch zu folgen vermochte. Ihm wirklich zu folgen und forschend mit ihm voranzuschreiten, vermochte genau besehen niemand. Es bleibt selbst für uns heute noch ungeklärt, inwieweit der »Alleingang« des späten Reich seiner Persönlichkeitsstruktur bzw. seiner Individualität oder seiner Meisterschaft als Naturforscher geschuldet war. Ilse

Ollendorff-Reich und Myron Sharaf berichten – sicherlich aus sehr persönlichem Blickwinkel – diesbezügliche Erfahrungen mit Reich aus den frühen fünfziger Jahren (Ollendorff-Reich, 1975, und Sharaf, 1994).

Was hat nun Wilhelm Reich dazu bewogen, trotz der zunehmenden Vereinsamung – auch in seiner engsten Umgebung – dem einmal eingeschlagenen Weg zu folgen und auf ihm in immer schnellerem Tempo voranzustürmen? War es ein Verrennen in eine fixe Idee? War es die faszinierende Entdeckung von wissenschaftlichem Neuland, gepaart mit einem trotzigen »Hier stehe ich und kann nicht anders«? Wir wissen es nicht. Wir können darüber nur spekulieren. Solche Spekulationen sagen jedoch viel eher etwas über uns selbst aus als über Wilhelm Reich.

Interessanter – und vielleicht auch leichter zu klären – erscheint mir die Frage, wie wir heute zu einer Einschätzung der »Angemessenheit« der orgontheoretischen Deutung der Welt gelangen können. Darüber hinaus ist zu fragen, ob es einen wissenschaftlich angemessenen Zugang zur Orgontheorie gibt, der nicht über die Brücke einer »reichianischen Jüngerschaft« führt.

Die Orgonomie (im Sinne von Orgontheorie und der durch sie abgeleiteten Praxis) beinhaltet eine Deutung von Welt, die sich essentiell von der herrschenden naturwissenschaftlichen Sichtweise der Dinge unterscheidet. Diese Differenz liegt in der Behauptung von der Existenz der Orgonenergie. Reich stellt damit in seinem Werk dem naturwissenschaftlichen Paradigma seiner Zeit (das auch noch in unserer Zeit herrscht) ein neues, eigenes, andersartiges Paradigma gegenüber.

Paradigmen lassen sich jedoch in der Regel nicht einfach vergleichend beurteilen. Treffen unterschiedliche Paradigmen konkurrierend aufeinander, so kommt es zwar häufig zum Kampf (und dies mit allen fair oder unfair erscheinenden Mitteln), aber nur selten zum wahrheitsuchenden Diskurs (vgl. Anhang). Wilhelm Reich hat diesen Kampf in der ersten Runde

»glorreich« verloren. Er hat ihn vermutlich sogar mit dem Leben bezahlt. Dennoch ist die paradigmatische Auseinandersetzung um sein Werk damit noch nicht abgeschlossen, wie die weitere Geschichte der Orgonomie bis in unsere Gegenwart belegt.

Wissenschaftliche Erkenntnis besitzt, vereinfachend ausgedrückt, drei konstituierende Dimensionen (vgl. Anhang):

- Theoriebildung/theoretische Erklärung (Erklärung und Deutung von Welt),
- Wahrnehmung/empirische Evidenz (sichere evidente Wahrnehmung von Welt) und
- Praxis/gewolltes Wirken (gewolltes, wirkendes Handeln in der Welt.

Wissenschaftsfähige Erkenntnis von Welt ist somit relativ in Bezug auf:

- das verwendete theoretische Konzept zur Deutung von Welt,
- die als evident zugelassene Wahrnehmung sowie die auf ihr aufbauenden Formen empirischer Beobachtung,
- die von dieser Erkenntnis angeleitete Praxis im Sinne von gewolltem Wirken in der Welt einschließlich der dadurch ausgelösten Veränderung von Welt.

Treffen zwei Paradigmen über dem »gleichen Ausschnitt von Welt« (Objektbereich) konkurrierend aufeinander, so gibt es zunächst keine Spielregeln dafür, wie dieser Wettkampf auszutragen ist (vgl. Anhang). Ist eines dieser Paradigmen das »herrschende« und das andere ein »Außenseiter« (gleichgültig ob ein neuer oder alter), so besetzt das herrschende Paradigma zunächst die stärkere Position:

- Sein theoretisches Konzept leistet in der Regel eine Deutung der Welt, die allgemein Anerkennung findet, da sie dem herrschenden Weltbild entspricht. Von ihm geht keine »Erkenntnisverunsicherung« aus.
- Die nach ihm zugelassenen Wahrnehmungsformen sind die bereits allgemein anerkannten. Im Hinblick auf die Evidenz von Wahrnehmung bzw. Beobachtung entsprechen sich herr-

schendes Paradigma und herrschender Zeitgeist (Allgemeinerfahrung). Auch aus dieser Perspektive bietet das herrschende Paradigma Sicherheit und Erkenntnisstabilität.

- Seine Praxis entspricht der allgemein gängigen Praxis. Andersherum betrachtet, bedeutet dies, daß die von ihm als zulässig bezeichnete Praxis allgemein als die der Welt angemessene Praxis angesehen wird.

Gemessen am »herrschenden Paradigma« erscheint das konkurrierende »Außenseiterparadigma« als verrückt. Und tatsächlich ist es ihm gegenüber auch ver-rückt: Es steht an einem anderen Ort.

Reich wurde – wie andere vor und nach ihm – vom Vorwurf, verrückt zu sein, nicht verschont. Deutet man Reichs »Scheitern in der ersten Runde« aus dieser Perspektive, so mußte dies – unabhängig vom »Wahrheitsgehalt« seiner Lehre – fast zwangsläufig eintreten. Denn die Orgontheorie war und ist dem herrschenden naturwissenschaftlichen Paradigma so fremd, daß dieses sich allein schon aus Gründen der Selbstbehauptung gegen sie sperren muß. Reichs Orgontheorie ist zudem sehr individuell. Es gelang Reich nicht, konkrete produktive Bezüge zu anderen vitalistischen bzw. holistischen naturwissenschaftlichen Theoriekonzepten seiner Zeit herzustellen. Solche Konzepte wurden damals beispielsweise von Hans Driesch oder Rudolf Steiner vertreten. Es war also Reich nicht gelungen, eine Koalition von »paradigmatischen Außenseitern« zu stiften noch zu solchen Koalitionen, von denen es einige ansatzweise gab (Meier-Abich, Driesch, v. Uexküll), Zugang zu finden.

Evidente Wahrnehmung von orgonenergetischen Phänomenen sind in der Regel an zweierlei gebunden: (1) an das »Fürmöglich-Halten« der Existenz von Orgonenergie und (2) an eine differenzierte, Emotionen mit einbeziehende Sinneswahrnehmung. Beide Zugänge werden im Paradigma der herrschenden Naturwissenschaft nicht nur nicht erfüllt, sondern durch den Vorwurf der »Unwissenschaftlichkeit« sogar gezielt blockiert.

In unserer verwissenschaftlichten Welt »bestimmt« die herrschende Naturwissenschaft zunächst auch die als wissenschaftlich begründbar anzusehende Praxis. (So prägt zum Beispiel die Schulmedizin das öffentliche Gesundheitswesen.) Auch hier gibt es für die am herrschenden naturwissenschaftlichen Paradigma orientierten »Zeitgenossen/innen« zunächst keinen Grund, sich auf eine Außenseiterpraxis einzulassen. Die neue »Außenseiterpraxis«, die ja im herrschenden naturwissenschaftlichen Paradigma keine Begründung findet, erscheint als »unwissenschaftlich«, als »Pfuscherei« oder als »Betrug der Unwissenden«.

Genau dieser Sachverhalt lag dem Vertriebs- und medizinischen Nutzungsverbot des Orgonakkumulators zugrunde – unabhängig von eventuellen persönlichen Querelen. (Reich war und ist aus der Sicht des herrschenden Paradigmas kein Märtyrer, sondern allenfalls ein Phantast und schlimmstenfalls ein Betrüger.)

Wir sehen also, die Bastionen eines herrschenden Paradigmas gegenüber einer Außenseiterattacke sind fest gefügt und mit schwerem Geschütz bestückt. Ein Angriff kann schnell zur Vernichtung des Angreifers führen. Reich hat zu Lebzeiten den Durchbruch nicht geschafft, aber sein Werk ist deshalb nicht untergegangen. Das Reichsche Paradigma verfügt nämlich über eine Waffe, die zunehmend Wirkung zeigt. Diese Waffe ist die Alltagspraxis.

Unabhängig von der bislang nicht entschiedenen Frage, ob das Konzept der Orgontheorie Welt »richtig«, das heißt angemessen oder wahr, deutet, auch unabhängig von allen Schwierigkeiten, die orgonenergetischen Wahrnehmungen Reichs in der von ihm behaupteten Form zu reproduzieren, so hat doch Reich auf der Grundlage seines orgonomischen Paradigmas sehr viele Hinweise auf den Umgang mit Welt gegeben, die sich auf der Wirkungsebene bewähren. Viele dieser Impulse für die Praxis sind aus dem herrschenden Paradigma heraus nicht gegeben worden, und sie können in der Regel aus ihm heraus weder abgeleitet noch begründet werden. Das heißt, das orgonomische Paradigma regt zu einem Umgang mit Welt an, der zu Wirkungen führt, die im herrschenden naturwissenschaftlichen Paradigma undenkbar sind. Zu diesen Wirkungen, die zum Teil für das alltägliche Leben bedeutungsvoll geworden sind, zählen beispielsweise

- die auf Reich zurückgehende bioenergetische Körper- und Psychotherapie,
- die Wirkungen des Orgonakkumulators allgemein (vgl. Reich, 1951, 1974; Freihold; DeMeo, 1994) und bei Krebs im besonderen (vgl. Lassek, 1992; Reich, 1974),
- die Beeinflussung von lebenden Systemen und/oder dem Klima durch den »Medical DOR-Buster« und den Cloudbuster (vgl. Reich, 1974) sowie
- die Sanierung von Gülle, Abwasser oder Gewässern nach dem Plocher-Energiesystem.

In der heutigen Zeit, in der das herrschende naturwissenschaftliche Paradigma zunehmend in Bedrängnis gerät, »punktet« die Orgonomie auf der Praxisebene recht respektabel. Mit den Erfolgen in der Praxis wächst das Interesse an der theoretischen Begründung dieser Praxis und der Möglichkeit ihrer Weiterentwicklung durch empirische Forschung. In einer wissenschaftsorientierten Welt wird eine zunehmende Akzeptanz von orgonomischer Praxis über kurz oder lang auch verstärkte Auseinandersetzungen um die orgonomische Theorie und die Evidenz orgonenergetischer Wahrnehmungen auslösen.

Durch die bisherigen Erfolge der Orgonomie in der Alltagspraxis und die in unserer Gesellschaft insgesamt zunehmenden Zweifel an der »umfassenden Vollständigkeit« des herrschenden naturwissenschaftlichen Paradigmas im Hinblick auf die Deutung von Welt verändert sich die Situation mit wachsendem Tempo.

Reich, der als »loser« starb, könnte als »winner« auferstehen.

Das Paradigma der Orgonomie

Reich, der T. Kuhns Konzept des Paradigmas nicht kannte, hat große Anstrengungen unternommen, sein orgonomisches Paradigma klar zu strukturieren und herauszuarbeiten. Er hat in den Schriften *Die Funktion des Orgasmus* (1969), *Der Krebs* (1974), *Christusmord* (1978), *Die kosmische Überlagerung* (1959) und *Das Oranur-Experiment* (1951) wesentliche Bausteine der Orgontheorie schrittweise entwickelt und ausführlich dargelegt. In *OROP Wüste* wird mal direkt, mal indirekt auf diese Darstellungen verwiesen. (Im engen Rahmen dieses Begleitheftes können in den folgenden Abschnitten die wichtigsten Dimensionen des orgonomischen Paradigmas nur sehr vereinfacht und knapp beschrieben werden.)

Reich hat für die Darstellung der Orgonomie stets die Perspektive ihrer Genese gewählt. Er zeigt mit großer Schlüssigkeit, wie seine Erkenntnis und sein Konzept der Orgonomie prozeßhaft gewachsen ist. Jede neue Einsicht baut auf den Ergebnissen vorangegangener Forschung auf. Orgonomie entwikkelt sich so aus der Psychoanalyse Freudscher Prägung in einem ständigen evolutionären Fluß zu einer allgemeinen Erkenntnis des Lebendigen.

Die von Reich gewählte Darstellungsform beherrscht auch heute noch die Fachliteratur zur Orgonomie. Ich werde sie deshalb im folgenden Abschnitt knapp skizzieren, um eine leicht herzustellende Verbindung zu dieser Fachliteratur zu gewährleisten. Daran anschließend versuche ich, die Struktur des orgonomischen Paradigmas herauszuarbeiten. Dies geschieht in Anlehnung an das im Anhang erläuterte Strukturschema zur Charakterisierung eines Paradigmas.

Der Weg der Entdeckung

Wilhelm Reich hat den Weg seiner Entdeckungen mit dessen historischen Stationen und seiner inneren Logik ausführlich dargestellt. Die Forschungsergebnisse der frühen fünfziger Jahre sind von ihm nicht mehr in einer vergleichbaren Synopse zusammengefaßt worden. Dies wurde jedoch von späteren Autoren geleistet, so zum Beispiel von Raknes (1973), Boadella (1981), Senf (1989) und anderen.

Es ist heute relativ einfach, die historische Genese der Orgonomie zu rekonstruieren. Sie ist sehr eng mit der Biographie von Wilhelm Reich verknüpft. Nach seinem Tod hat es wohl Ausdifferenzierungen des von ihm entwickelten orgonomischen Paradigmas gegeben, aber echte Weiterentwicklungen vermag ich bislang nicht zu erkennen. Die Gründe dafür sollen hier jedoch nicht erörtert werden.

Wie immer man das wissenschaftliche Werk Wilhelm Reichs in Zukunft beurteilen mag, eines erscheint mir sicher: Er war einer der produktivsten und dynamischsten Forscher unseres Jahrhunderts, obwohl er sein wissenschaftliches Werk als Außenseiter und damit fernab der Möglichkeiten aller gesellschaftlich etablierten Institutionen entfaltete. Auch wenn Wilhelm Reich vermutlich als ein Wissenschaftler in die Geschichte eingehen wird, der, gemessen am Stand der Erkenntnis seiner Zeit, Neuland betrat, so sollte nicht vergessen werden, daß für ihn das praktische Handeln, die Anwendung von Wissenschaft zur Verbesserung von Welt eindeutig im Vordergrund stand.

Wilhelm Reich beginnt unmittelbar nach dem Ersten Weltkrieg sein Medizinstudium. Er stößt hier sehr früh auf die Psychoanalyse und damit auf Sigmund Freud. Reichs praktisches Interesse an der Psychoanalyse wird sehr schnell geweckt, und er beginnt noch als Student seine Karriere als Psychoanalytiker, die ihn später zur körperbezogenen Therapie führt. Reich greift in dieser Zeit das Konzept der Libidoenergie auf und versucht, es so konkret wie möglich zu deuten. Das heißt, er hält es durchaus für möglich, daß Libido als allgemeine Sexual- oder Lebensenergie real und damit auch im naturwissenschaftlichen Sinne existiert.

Die Psychoanalyse führt ihn zur Widerstandsanalyse, in der er sich mit der Massivität und Sinnhaftigkeit von Verdrängung beschäftigt. Diese Verdrängungsprozesse verfolgt er bis in den Körper hinein und entwickelt so eine Vorstellung von der körperlichen Verankerung charakterlicher Strukturen. Seine *Charakteranalyse* (1970) dokumentiert dies sehr ausführlich und differenziert. In dieser Phase seines Schaffens ist sein praktisches Interesse auf die Entwicklung von leistungsfähigen Methoden der Psychotherapie gerichtet. Dies regt ihn an, in der Erkenntnis von der hohen Bedeutung der Sexualität für die Charakterbildung nicht nur therapeutisch, sondern auch sozialreformerisch tätig zu werden. Seine Mitarbeit an einer allgemeinen Beratungsstelle führt ihn zu der Einsicht, daß Sozialreform und Sexualreform nicht voneinander getrennt werden können. Der Sexual- und Sozialreformer Reich wendet sich der Politik zu. Er wird Mitglied der Kommunistischen Partei.

In der Folgezeit versucht Reich das Wirken von Sexualenergie immer differenzierter und möglichst auch mit naturwissenschaftlichen Methoden zu erforschen. Er findet die Orgasmusformel, entdeckt die übergeordnete Zusammengehörigkeit von Lust und Angst – und dies nicht nur als psychisches, sondern auch als physisches Thema. Reich schließt daraus auf die übergeordnete, oder wie er es nennt, funktionelle Einheit von Seele und Körper. Auf dieser und der Orgasmustheorie aufbauend, entwickelt er ein Konzept von psychischer Krankheit: die sogenannte *emotionale Pest*.

Während der Zeit seines politischen Wirkens gewinnt dies eine immer größere Bedeutung. In seiner Schrift *Die Massenpsychologie des Faschismus* (1971) gibt er eine theoretische Darstellung des Faschismus, aus der sich auch politische Konsequenzen ziehen lassen. Reich kann dies nur auf individueller Ebene tun. Da er die Gefährlichkeit des Faschismus frühzeitig erkennt, entzieht er sich ihm durch Flucht. Gleichzeitig zieht er sich auch für den Rest seines Lebens aus der politischen Arena zurück. In den folgenden Jahren versteht sich Reich als Mediziner, der die körperliche Verankerung der Psyche zum Thema seiner Forschung macht, um damit auch auf physische Krankheiten und Konstellationen Einfluß nehmen zu können.

Dieser Weg führt Reich über Experimente zum Zusammenhang von bioelektrischer Leitfähigkeit der Haut und emotionaler Erregung, über die Beobachtung der Pulsation von Zellen und Einzellern zur Entdeckung von Phänomenen, die er dem Wirken einer allgemein vorhandenen Lebensenergie zuschreibt. In dieser Phase entwickelt sich die Parallelität von praktizierter bioenergetischer Psychotherapie (Vegetotherapie) und naturwissenschaftlicher Erforschung der Lebens- oder, wie er sie nun bald nennt, Orgonenergie. Die Bionversuche bilden den Übergang von einer psychologisch-medizinisch orientierten Forschung zu einer auf allgemeinere Erkenntnis angelegten Naturforschung. Reich wächst in die vierte Rolle seines Lebens, in die des Naturforschers, hinein. Von nun an verläuft sein Erkenntnisweg zweigleisig.

Das praktische Interesse an der Nutzung seiner Forschungsergebnisse besteht fort. Es richtet sich zunächst auf die Vegetotherapie und dann auf den Einsatz von Orgonenergie zur Behandlung von Krebs oder als Schutz gegen niedrigstrahlende Radioaktivität. Reich experimentiert nicht nur mit der emotionalen Pest, die er als energetische Schrumpfungskrankheit identifiziert hatte, sondern mit Biopathien allgemeiner Art, zu der unter anderem auch der Krebs gehört.

ANLAGE 2 Entwicklung der psychotherapeutischen Technik Wilhelm Reichs

Psychoanalyse	Reich arbeitet zunächst im Rahmen der Freudschen Psychoanalyse, konzentriert sich aber zunehmend auf die Hemmnisse der sexuellen Erlebnisfähigkeit seiner Patienten (orgastische Impotenz).
Charakteranalyse	Reich geht über die Behandlung einzelner Symptome hinaus und betrachtet den »Charakter« einer Person als ein den Symptomen übergeordnetes System. Er sieht in einer Charakterstruktur geronnene Energie, die es unter Beachtung der Gesamtstruktur in Bewegung zu bringen gilt.
Widerstandsanalyse	Reich spürt den offenen und verdeckten Widerständen seiner Patienten nach und versucht die im Widerstand gebundene Energie in Bewegung zu setzen. Er beachtet dabei immer stärker den Körperausdruck.
Vegetotherapie	Reich beginnt den Körper bewußt in die Therapie einzubeziehen, indem er Körperhaltungen der Patienten spiegelt, sie spezielle Körperhaltungen einnehmen läßt oder verspannte Muskelpartien massiert.
Bioenergetik	Reich entwickelt eine Form der systematischen Auflockerung der unwillkürlichen Muskulatur durch Atmung, Körperübungen und Massagen.
Orgontherapie	Reich ergänzt die bioenergetische Therapie um die Nutzung des Orgonakkumulators.

Als Naturwissenschaftler, als der er sich mehr und mehr versteht, wendet er sich der systematischen Erforschung der von ihm entdeckten Orgonenergie zu. Er baut Geräte zu ihrer Messung, experimentiert mit Mäusen, versucht ihre Gesetzmäßigkeiten zu erfassen und systematisch darzustellen und überarbeitet in früheren Phasen gewonnene Forschungsergebnisse nun aus orgontheoretischer Sicht.

Mit der Entwicklung der Orgontheorie weitet Reich sein Forschungsfeld aus. Er geht vom Menschen auf die Welt als Ganzes über. Dies wird insbesondere an Experimenten zur niedrigstrahlenden Radioaktivität, zur Wetterbeeinflussung und in den Versuchen zur Wiederbelebung von Wüstenlandschaften sichtbar. Auch hier steht sein praktisches Interesse im Vordergrund. Dies ist nun allerdings nicht mehr ein rein medizinisches Interesse, sondern das eines Orgoningenieurs. Reich beginnt sich zunehmend als ein solcher zu begreifen.

Insgesamt ist Reichs Forschungsweg von der zunächst psychologisch gedeuteten Libidoenergie über die als Realität wahrgenommene und sogar durch elektrische Phänomene ansatzweise meßbare Sexualenergie zur Orgonenergie und von da zu einer Interpretation von Leben und Welt aus orgonomischer Sicht ein sehr konsequenter und in sich stimmiger Weg (vgl. Anlage 3). Reichs Lebenswerk stellt sich somit als Anhäufung von Entdeckungen auf einer bereits sehr frühzeitig eingeschlagenen Bahn dar. Alles, was ihm auf diesem Weg begegnet, wird entweder integriert oder beiseite geschoben.

Die Rollen, die Reich einnahm, um sein Forschungswerk durchführen zu können, wären unvollständig, würden die des Forschungsorganisators und auch die des Alltagsmenschen unterschlagen. Als Forschungsorganisator gelang es Reich, aufgrund seiner eigenen praktischen Arbeit – und wir sehen, daß diese nicht nur Anliegen, sondern auch Notwendigkeit war – sowie mit Hilfe seiner Fähigkeit, Menschen für seine Sache zu gewinnen, seine Forschung zu institutionalisieren.

ANLAGE 3 Arbeitsthemen und fachliche Wirkungsfelder bei Wilhelm Reich

Theoretischer Fokus	Praxisfelder: Forschung	Therapie	Qualifikation	Politik
Freudsche Psychoanalyse	Orgasmusforschung	Psychoanalyse	psychologische Beratung	
Orgasmustheorie	Orgasmusformel	orgastische Potenz	Sexualberatung	
Charakteranalyse	Charakterstrukturen Panzerung	Charakteranalyse		
		Widerstandsanalyse		
	Familie und Panzerbildung			
	sexuelle Selbstregulation und emotionale Pest			
	Muskelpanzer			
Sexual-Ökonomie	Familie, Gesellschaft und Patriarchat		Sexualerziehung von Kindern und Jugendlichen	Sexualpolitik
	dialektischer Materialismus und Psychoanalyse			sexuelle Revolution
	Massenpsychologie des Faschismus			Arbeitsdemokratie

ANLAGE 3

Theoretischer Fokus	Praxisfelder			
	Forschung	Therapie	Qualifikation	Politik
Lust und Angst	Dialektik des autonomen Nervensystems	Vegeto-therapie	Vegeto-therapeut	
	Hautwider-stand bei sexueller Erregung u. unterschiedlichen Charaktertypen	Bioenergetik		
Grundformel des Lebendigen	Amöbenversuche Heuaufguß			
	Bionversuche			
Orgon-energie	Akkumulator			
	Krebs	Orgon-Krebs-therapie		
	Biopathien	allgemeine Orgon-therapie	Orgon-therapeut	
ORANUR (Orgon against nuclear radiation)	physikalische Meßverfahren der Intensität von orgonomischen Phänomenen			
	Oranur-Experiment			
CORE (Cosmic Orgone Engineering)	Cloudbuster	Wetterbe-einflussung	CORE-Ingenieur	
		DOR-Entfernung Abwehr von außerirdischen Raumschiffen		

Die Forschungsarbeiten wurden fast ständig von einer kleinen Personengruppe aktiv unterstützt. So konnte Reich lange Zeit sowohl sein Labor als auch Unterrichtsräume finanzieren. Allein dies ist eine Leistung, zu der in unserer Gesellschaft nur wenige Wissenschaftler fähig sind, wenn sie ohne die Unterstützung öffentlicher Institutionen oder wohlhabender privater Sponsoren arbeiten müssen.

Als Mensch im Alltag ist Wilhelm Reich sicherlich nicht immer einfach gewesen, aber das war unter seinen Lebensbedingungen auch nicht zu erwarten. Bemerkenswert ist die große seelische Stärke, mit der er in seinem sehr wechselvollen Leben immer wieder voranging, Widerstände überwand und sich, der Logik seiner Sache folgend, neuen Themen zuwandte. Die Schwierigkeiten und die Isolierung, in die er damit zunehmend geriet, werden in allen Biographien zu Reich ausführlich besprochen. Sie gehören zum tragischen Teil seines Schicksals.

Strukturen und Inhalte

Wilhelm Reichs Lebensweg entfernte sich von der Psychoanalyse als einer sich in der ersten Hälfte unseres Jahrhunderts neu etablierenden Wissenschaft und führte hinein ins Neuland. In dieses Neuland sind zu seiner Zeit zwar auch andere vorgestoßen, aber Reich bahnte sich seinen Pfad allein und individuell. Die Lichtung oder die kleine Siedlung, die Reich in den Wäldern des Unbekannten hinterließ, soll nun skizziert werden.

Wilhelm Reich war stolz darauf, daß das orgonomische Paradigma kein spekulativer Entwurf und keine schnelle Erfindung war, sondern daß es im Prozeß intensiver empirischer Forschung geformt, entwickelt und gewachsen ist (vgl. Anlage 4). Bezogen auf die Wissenschaft seiner Zeit hinterließ Reich ein neues Paradigma der Lebensforschung. Die Struktur dieses Paradigmas kann aus der Zusammenschau seines veröffentlichten wissenschaftlichen Werkes unter Beachtung seiner verschiedenen Entwicklungsphasen herausgearbeitet werden. Kernbereich dieses Paradigmas ist die Orgontheorie, mit der Reich eine im Verhältnis zu seiner Zeit neuartige Deutung von Lebensprozessen vorlegt. Die Perspektive dieser Theorie hat einschneidende Folgen für die Wahrnehmung, für die Erklärung von Lebensprozessen und für den handelnden Umgang mit Mitmenschen oder Umwelt.

Die zentrale Leistung des orgonomischen Paradigmas liegt in der radikalen Veränderung des Blickes auf Welt. Reich vollzieht hier aus methodischer Sicht eine kopernikanische Wende der Lebensforschung. Seine Grundannahme von einer aller Materie, allem Leben und allem Seelisch-Geistigen zugrundeliegenden Urenergie, die eigenen Gesetzmäßigkeiten folgt, ist ein Bruch mit dem herrschenden naturwissenschaftlichen Weltbild des 20. Jahrhunderts. Im Reichschen Paradigma ist letztendlich die Lebenskraft der Materie vorgeordnet, während nach allgemeiner Überzeugung Leben eine späte und komplexe Form der Organisation von Materie ist. Reich gelingt diese kopernikanische Wende, indem er die Existenz von Energien und Kräften behauptet, die er Orgonenergie nennt. Ihre Existenz versucht er durch Evidenzverweise (Wahrnehmungsformen von Orgonenergie, Bionforschung, praktische Tauglichkeit orgontechnischer Instrumente wie Akkumulator, Cloudbuster usw.) zu belegen. Orgonenergie nimmt bestimmte Zustände oder Qualitäten an und kann sehr mächtige Wirkungen hervorrufen.

Orgonenergie kann

- Materie bilden,
- Grenzflächen bilden und damit energetische Felder und Systeme, die ein Innen und ein Außen besitzen, generieren,
- Lebensprozesse hervorrufen,
- komplexe Lebewesen integrieren und in ihrem Verhalten steuern.

ANLAGE 4 Strukturelle Logik der Orgonforschung

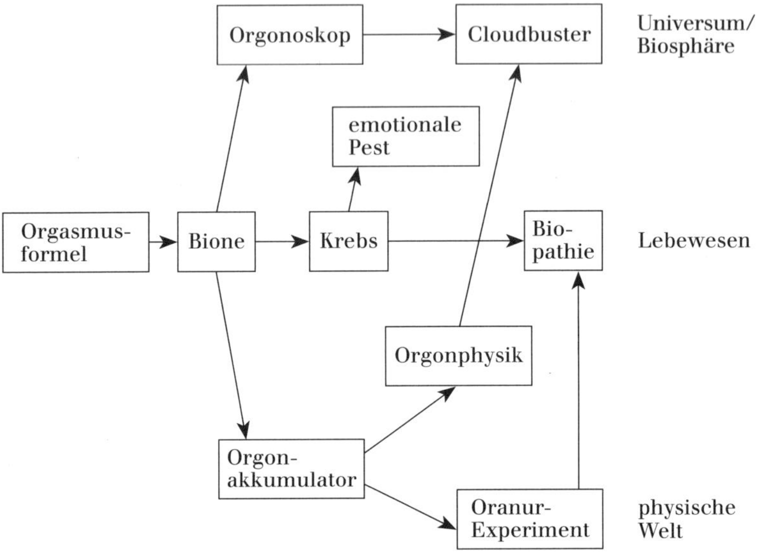

Orgonenergie hat eigene Gesetze und kann unterschiedliche Zustände einnehmen, die sich zum Teil polar, oder auch antagonistisch gegenüberstehen. Deshalb können orgonomische Systeme dialektische Prozesse durchlaufen.

In seiner Endform lassen sich das Reichsche Konzept der Orgontheorie und das durch sie geschaffene Paradigma wie folgt zusammenfassen:

1. Alles Sein hat seinen letzten Grund in einem universalen Ozean von Orgonenergie. Sie ist die »Ur-Substanz«, die »Ur-Energie«, aus der alles hervorgeht, was Welt ausmacht.
2. Die Orgonenergie gehorcht Gesetzmäßigkeiten, die von denen physikalischer und chemischer Energien abweichen. Die wichtigsten dieser Gesetzmäßigkeiten sind in der Anlage 7 aufgeführt.

Zustandsformen von Orgonenergie

ANLAGE 5

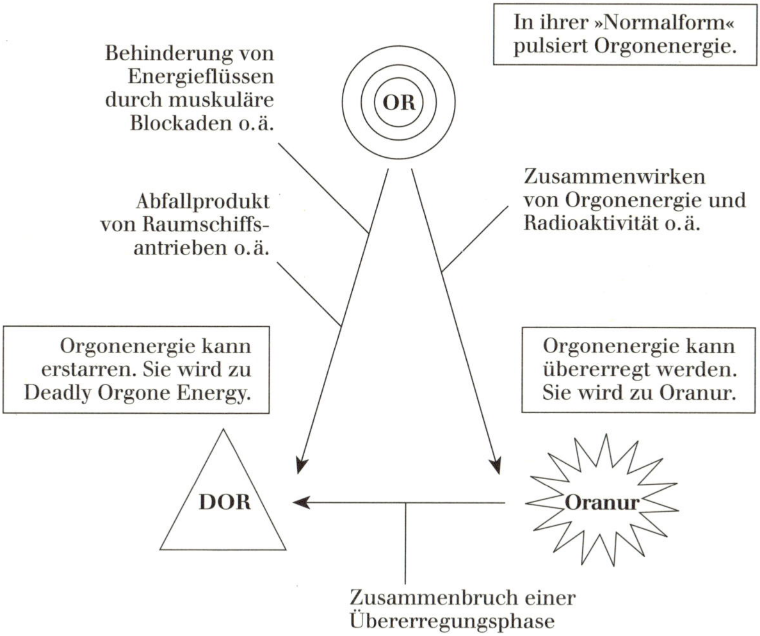

3. Orgonenergie kann drei fundamentale Grundzustände annehmen (vgl. Anlage 5). Sie kann (1) in ihrer Ursprungsform pulsieren (Reich nennt diesen Zustand »pulsierende Orgonenergie« oder OR). Sie kann (2) in ihrer Pulsation übererregt werden (Reich bezeichnet diesen Zustand »Oranur«; und sie kann (3) erstarren bzw. blockieren (Reich spricht hier von »Deadly Orgone Energy« oder DOR).
4. Materie bildet sich durch Überlagerung und Verdichtung von Wellen im Orgonozean.
5. Allen Lebensprozessen liegt das Pulsieren von Orgonenergie im belebten Organismus zugrunde. Wird diese Pulsation behindert oder blockiert, so kommt es zur Devitalisierung, zur Deformation von Leben oder sogar zu Todesprozessen.

ANLAGE 6 Grundzüge des orgonomischen Paradigmas

	theoretischer Aspekt
materialistisches Weltbild	Reich unterstellt mit leichter Modifikation durchgängig, daß es unter, neben oder über dem Menschen keine »geistigen« Wesen gibt. Lediglich die im Spätwerk angesprochenen »Außerirdischen« werden von ihm als mit überlegenen Fähigkeiten ausgestattete menschenähnliche Lebewesen (CORE-Menschen) angesehen. Alle Erscheinungen der Welt haben ihre letzte Ursache in den orgonenergetischen Grundstrukturen der Welt. Diese Grundstrukturen (Primordialität der Orgonenergie) stellen eine Erweiterung des klassischen Materiebegriffes dar. Götter, Engel oder sonstige geistige Wesen sind für ihn mystische Projektionen energetisch »gestörter« Menschen.
mechanistisches Energiekonzept	Reich legt seiner Arbeit mit »Lebensenergien« bereits sehr früh ein mechanistisches Energiekonzept zugrunde. Darin lassen sich Ladung und Entladung, Fluß und Blockade oder auch Pulsation und Erstarrung gut beschreiben.
Orgontheorie	Die Gesetzmäßigkeiten der Orgontheorie bilden den Kern des orgonomischen Paradigmas. Ihnen unterliegt die Lebenswelt ebenso wie das Universum als Ganzes. Orgonenergie ist der »substantielle Grund« alles Seienden.
Primat des Empiriebezuges	Nach Reich kann die reale Welt nur über sinnliche Wahrnehmungen erkannt und erschlossen werden. Alle Theoriebildung muß folglich in der Wahrnehmung ihren Ausgang nehmen.

Theoretische Spekulation ohne Wahrnehmungsbasis lehnt Reich ab. Das gleiche gilt für eine Kommentierung seiner Forschungsergebnisse ohne vorherigen Nachvollzug der Schlüsselexperimente.

eklektische Auswahl von Zulieferwissen

Reich greift zunächst recht unvoreingenommen, wenn es seinen Forschungsprozeß weiterbringt, auf das Wissen seiner Zeit zurück. Diese Bezugstheorien eignet er sich in der Regel aus der Perspektive seiner eigenen Fragestellung an – und dies auch nur insoweit, wie es ihm nützlich erscheint.
Er korrigiert und modifiziert die von ihm verwendeten Bezugstheorien ohne Scheu, wenn sie den von ihm gefundenen Beobachtungen widersprechen.

methodischer Aspekt

kausale Erklärung

Reich stellt nicht in Frage, daß die Erscheinungen der Welt prinzipiell erklärbar sind. Er strebt stets danach, kausale Erklärungen zu geben.

induktive Theoriebildung

Theoriebildung erfolgt bei Reich in der Regel induktiv. Das heißt, er leitet allgemeine Aussagen sowie solche über Regelmäßigkeiten oder Gesetzmäßigkeiten aus systematischen Beobachtungen in Form von Versuchsreihen (z. B. Bionforschung) oder aus exemplarischen Fallstudien (Oranur-Experiment) ab.
Stets steht vor der eigentlichen Theoriebildung die Beobachtung. Die »spekulative« Formulierung von Hypothesen, deren Bestätigung oder Falsifikation im nachhinein versucht wird, praktiziert Reich nicht.

ANLAGE 6 *orgonomischer Funktionalismus*

Reich bezeichnet seine Forschungsmethode als »orgonomischen Funktionalismus«. Vereinfacht liegen dieser Methode folgende forschungsleitenden Prämissen zugrunde:

- Die Gesetze der Orgonenergie gelten für alle Bereiche der Welt. Sie kommen in ihnen jedoch bereichsspezifisch modifiziert zur Wirkung.
- Die universal vorhandene Orgonenergie (Orgonozean) verbindet alle Dinge der Welt miteinander.
- Für jedes Phänomen und für jedes System ist zu fragen, welchem übergeordneten System es angehört und welche Funktion (Leistung für das Ganze) es in ihm erfüllt.
- Für jedes vorfindliche System ist zu fragen, aus welchem Basissystem es in seiner Entwicklung durch Differenzierung hervorgeht und durch welchen konkreten Prozeß dies geschieht.
- Das Verhalten gekoppelter Systeme (aufeinander einwirkender Systeme) läßt sich erst im Rahmen des übergeordneten Systems richtig deuten. Aus gekoppelten Systemen gebildete Systeme zeigen häufig ein dialektisches (koevolutionäres) Verhalten.
- Unterschiedlich gestaltete materielle Systeme funktionieren oft nach den gleichen orgonomischen Gesetzen. Analogiebildungen sind nicht nur zulässig, sondern in der Regel auch sinnvoll.

Beobachtungskriterien

Beobachtung von Leben an Leben

Prozesse und Funktionen des Lebendigen lassen sich nur an lebenden Systemen sinnvoll beobachten. Dabei sollte die »normale« Lebensumgebung möglichst erhalten bleiben oder angemessen simuliert werden.

emotional »offene« Beobachtung

Beobachtete Lebensenergien wechselwirken stets mit dem Fluß der Lebensenergie im Beobachter (orgonomische Anregung und Überlagerung). Die Wahrnehmung des Beobachters ist durch seinen eigenen Energiefluß stark beeinflußt. Ein emotional blockierter Beobachter wird viele Phänomene der frei pulsierenden Orgonenergie nicht wahrnehmen oder ihnen gegenüber sogar Angst und Abwehr entwickeln. Ein guter Beobachter sollte deshalb emotional offen, das heißt energetisch ungepanzert sein.

Gegenstandsbereich

von der Psyche zum Universum

Reich hat den Gegenstandsbereich seiner Orgontheorie stetig ausgedehnt. Er beginnt mit der Untersuchung der menschlichen Psyche und erweitert dann seinen Objektbereich durch die Einbeziehung der Gesellschaft und des menschlichen Körpers.

Über die Untersuchung von Einzellern und toter Materie werden schrittweise die gesamte Erdoberfläche, die die Erde umgebende Atmosphäre und letztendlich das ganze Universum zum Bezugsbereich der Orgontheorie. Reich sprengt damit alle ihn behindernden, durch die Vorgabe von Objektbereichen erkärten Grenzen von Wissenschaftsdisziplinen.

erkenntnisleitendes Interesse

Verstehen und Unterstützen von Lebensprozessen

Reich ist vor allem am Verständnis von Lebensprozessen und an der Möglichkeit interessiert, in sie heilend einzugreifen.

ANLAGE 7 Eigenschaften der Orgonenergie

1. Die Orgonenergie ist universell und allgegenwärtig, sie erfüllt den ganzen Weltraum, aber in unterschiedlichen Konzentrationen. Sie ist in ständiger Bewegung, es sei denn, sie nimmt eine besondere Form an, die Reich DOR (= Deadly ORgone = tödliches Orgon) nannte.
2. Die Orgonenergie hat keine Masse; sie ist primordial; sie ist vor Materie und anderen Energieformen vorhanden.
3. Sie kann Vorgänge verursachen, die unter Entropieabnahme verlaufen; starke Konzentrationen entziehen spontan der schwächer geladenen Umgebung noch mehr Energie. Dadurch wird die Entstehung und Erhaltung des Lebens möglich.
4. In natürlicher Konzentration neigt das Orgon dazu, Systeme zu bilden, die wachsen, einen Höhepunkt erreichen, abnehmen und sich schließlich auflösen. Solche Systeme können Galaxien, Sterne und Planeten sein, in der Erdatmosphäre Hurrikane und andere Zyklone, ja sogar einzelne Wolken. Alle lebenden Organismen sind orgonotische Systeme.
5. Wenn einzelne Orgonströme sich verdichten und miteinander verschmelzen, können sie Materie hervorbringen, wo vorher keine Materie existierte.
6. Vorhandene Materie kann sich durch Einwirkung der Orgonenergie spontan zu lebenden Formen organisieren, wo zuvor kein Leben existierte.
7. Die Erde ist von einer Orgonhülle umgeben, die sich in Richtung der Erdrotation von West nach Ost etwas schneller als die Erde bewegt. An der Ostflanke von Stürmen bewegt sich das atmosphärische Orgon in umgekehrter Richtung.
8. Atmosphärische Orgonkonzentrationen ziehen Feuchtigkeit an, und es kann zu Wolkenbildung, Regen oder Schnee kommen. Die orgonotischen Verhältnisse in der Atmosphäre können durch ein Gerät kontrolliert werden, das Wilhelm Reich erfand und Cloudbuster nannte.
9. Der freie Orgonenergiefluß, der freie Energiemetabolismus, ist eine Grundvoraussetzung für das gesunde Funktionieren eines

lebenden Organismus. Wird dieser Fluß gehemmt, verwandelt sich Orgon in lebensfeindliches DOR.

10. Auch in der Atmosphäre ist DOR vorhanden; an den meisten Stellen nur vorübergehend, an einigen aber ständig. Es hemmt die normalen atmosphärischen Prozesse, wie etwa die Wolkenbildung. DOR-verseuchte Landstriche wirken stumpf, abgestorben und bedrückend; es bildet sich regelmäßig »Smog« in diesen Gegenden. Das atmosphärische DOR spielt eine große Rolle, wenn man Regenfälle einleiten oder ganz allgemein das Wetter kontrollieren will. Man kann eine DOR-Verseuchung mit Hilfe des Reichschen Cloudbusters bekämpfen.
11. Der Orgonmetabolismus hängt auch vom atmosphärischen Orgonfeld ab. Wenn dieses durch starke oder chronische DOR-Konzentrationen verseucht ist, wird der Energiemetabolismus der Lebewesen gestört, was zu schweren Krankheiten oder sogar zum Tode führen kann.

Auszug aus O. Raknes, Wilhelm Reich und die Orgonomie, 1973, S. 72f.

6. Die Erde ist von einer intensiven, pulsierenden Orgonhülle umgeben. Die globale, regionale oder lokale Qualität dieser Energiehülle wirkt gestaltend auf Klima, Wetter und äußere Lebensbedingungen. Reich erläutert dies in *OROP Wüste* am Beispiel des Zusammenhanges von DOR-Wolken, Dürre und Wüstenbildung. Orgonenergie wirkt als Kernprozeß von Leben sowohl »innerhalb« von Mensch, Tier und Pflanze als auch außerhalb von ihnen, so zum Beispiel in der Orgonhülle der Erde. Orgonenergie kann sich dabei an Materie binden.
7. Im Menschen äußert sich die Orgonenergie nicht nur in unbewußten »autonomen« Lebensprozessen, sondern auch in bewußt erlebten Emotionen, in Lust oder Angst und in Sexualität.
8. Die enge Verknüpfung von Orgonenergie und erlebter Emotion ermöglicht es dem Menschen, die Qualität der ihn umgebenden Orgonenergie auf sich wirken zu lassen (Resonanz)

und wahrzunehmen, sofern er seinen eigenen inneren Energiefluß nicht permanent blockiert oder sich gegen jede Wahrnehmung der ihn umgebenden Energie emotional und körperlich panzert. Reich gründet seine Wahrnehmung von Orgonenergie und damit seine Empirie in weiten Bereichen auf die mögliche Resonanz zwischen dem Äußeren und dem im Innern des Menschen emotional erlebbaren Energiefluß. Zur Wahrnehmung von Orgonenergie und ihrer jeweiligen Qualität hat Reich unterschiedliche Wege beschritten (vgl. Anlage 8). Er hat (1) subjektive, das heißt an die sinnliche und emotionale Wahrnehmungsfähigkeit des Beobachters gekoppelte Formen der Beobachtung und Beschreibung gewählt. *OROP Wüste* liefert hierfür viele Beispiele.

Die Möglichkeiten der Beobachtung sind auf diesem Wege sehr vielfältig, sehr subtil und für den einzelnen Beobachter in der Regel gut zugänglich. Intersubjektiv befriedigende Ergebnisse lassen sich dabei allerdings nur erzielen, wenn die zu beachtenden Phänomene sehr einfach oder sehr grob sinnlich erfaßbar sind. Je differenzierter und subtiler wahrgenommen werden soll, um so mehr muß der Beobachter daran arbeiten, daß sein »Inneres« zum Schweigen kommt, so daß er ganz »Wahrnehmung« wird und sich vollständig auf das Beobachtete konzentriert. Dazu ist Schulung und Persönlichkeitsentwicklung erforderlich. Die Intersubjektivität solcher Beobachtungen kann stets nur über vergleichende Beobachtungen, über gemeinsame Schulung usw. hergestellt und gesichert werden.

Reich hat (2) das Wirken von Orgonenergie an lebenden Systemen nach herkömmlichen Verfahren erforscht (Laborexperimente mit Krebsmäusen) und (3) versucht, die Wirkung von Orgonenergie mit Hilfe von physikalischen Meßgeräten indirekt sichtbar zu machen (Temperaturdifferenz am Orgonakkumulator, Geiger-Müller-Zähler, Orgonfeldmesser usw.).

In *OROP Wüste* steht vor allem die differenzierte, emotionale Wahrnehmungen integrierende Beobachtung im Vordergrund.

Beispiele der Beobachtbarkeit von Orgonenergie

ANLAGE 8

SAPA-Bione	Aufladung von Nichtleitern (Gummihandschuh)
	Leuchterscheinung auf einer Fotoplatte
	Bionwasser reagiert am Fluoreszenzmeter wie eine organische Substanz
Atmosphäre	Flimmern zwischen Sternen (Orgonoskop)
	Leuchtpunkte am Himmel
	Leuchtreaktionen des Orgonfeldmeters
Orgonakkumulator	Wärme-/Prickelgefühl im Körper
	Leuchterscheinungen
	Temperaturdifferenz (innen/außen)
	Flockenentwicklung im Bionwasser
	Verringerung der Entladungsgeschwindigkeit eines Elektroskops im Akkumulator
	veränderte Zählrate eines orgongeladenen Geiger-Müller-Zählers
	Veränderungen der Geschwulstbildung bei Krebskranken
	in Verbindung mit Radioaktivität: Oranur-Effekt

Durch die Einbeziehung der emotionalen Empfindungen beim Blick auf den beobachteten Objektbereich geht die in der Orgonomie verwandte Form von Wahrnehmung deutlich über das hinaus, was im Bereich gängiger Naturwissenschaft vom Beobachter gefordert wird. Das von Reich entwickelte Wahrnehmungskonzept, das Ähnlichkeiten mit der goethischen Art des An-Schauens aufweist, kann als zweites originäres Fundament des Reichschen Paradigmas der Orgonomie angesehen werden.

ANLAGE 9 Ein Beispiel für orgonomisches Wahrnehmen – der DOR-Index nach E. Baker (zitiert nach: Rosenblum, 1976)

A. Bewegung	bewegungslos, herabhängende Blätter, keine Luftbewegung, keine Tiere zu hören	2
	ab und zu eine Brise	1
	konstante leichte Brise, Tiere sind lebhaft, gelegentlich kräftige Böen	0
B. Feuchtigkeit (subjektive Empfindung)	drückend und feuchtheiß	2
	schwer und feucht	1
	angenehm	0
C. Allgemeine subjektive Empfindung	reizbar, fahrig, schwach, lethargisch, durstig, abgekapselt, geschwollene Finger	2
	lahm oder ruhelos, unbehagliches Allgemeinbefinden	1
	angenehmes Allgemeinbefinden, kraftvoll, Wohlgefühl	0
D. Himmel (Farbe)	keine blaue Farbe, weiß verhangen, ganz getrübt, sehr schwaches diffuses Weiß, grell	2
	geschlossene Wolkendecke (Farbe des Himmels nicht sichtbar), stahlgrau, leichte Eintrübung, grauweißer Dunst, milchig-blau	1
	weiches, klares Blau	0
E. Himmel (Wolken)	schwache Bewölkung, milchige Wolken, weißer Dunst, keine in sich geschlossenen Wolken, keine ausgeprägte Struktur	2
	in sich geschlossene, aber ausgefranste Wolken, differenzierte Bewölkung, feine, schwache (aber in sich geschlossene) Wolken	1
	in sich geschlossene, klar abgegrenzte Wolken	0
	Summenwert:	0–10

»Der DOR-Index wurde entwickelt, als die Beobachtungen der Atmosphäre Fortschritte machten und mehr darüber in Erfahrung gebracht worden war, was man suchen und beobachten muß. Verbesserungen sind sicherlich noch zu erwarten, vor allem bezüglich des Problems, den subjektiven Eindruck von Feuchtigkeit im Winter abzuschätzen. Der Index wurde jeweils in drei Stufen für fünf Parameter festgelegt: frei von DOR (0); »worst case« (2); alle Zwischenstufen (1). Dies ist ein Versuch, die Einschätzung von DOR so objektiv wie möglich zu gestalten, so daß unterschiedliche Beobachter gleiche numerische Ergebnisse erreichen können. Dabei ist zu beachten, daß nicht für jeden Parameter alle genannten Faktoren zutreffen müssen, sondern lediglich genügend, die ein Gefühl dafür vermitteln, in welchem Zustand die Atmosphäre sich befindet.« *(Rosenblum, 1976, S. 61)* ANLAGE 9

Das dritte dieser Fundamente ist ein methodisches Konzept, welches Wilhelm Reich als »orgonomischen Funktionalismus« bezeichnet. Es handelt sich dabei um ein heuristisches Frage- und Erklärungsprinzip. Reich fragt bei allen Phänomenen, auf die er stößt (insbesondere dann, wenn sie ihm unverständlich erscheinen), nach ihrem »tieferen Sinn«. Diesen »tieferen Sinn« sieht er in ihrer Funktion, das heißt in ihrem sinnhaften Beitrag zu einem übergeordneten Ganzen. Er fragt also immer wieder, wo jeweils das Ganze ist, welches scheinbar Widersprüchliches sinnhaft verknüpft oder zunächst sinnlos erscheinenden Phänomenen aus übergeordneter Sicht Sinn verleiht.

Reich schlägt damit – ohne es zu ahnen – einen methodischen Weg ein, der sich in den Sozialwissenschaften als »Funktionalismus« von Parsons bis zu Luhmann als überaus erfolgreich erweisen sollte (vgl. Luhmann, 1984). Für Reich ist Sinn dabei allerdings nicht nur ein abstrakter oder formaler Begriff. Sinn, das heißt Zusammenhalt, Verknüpfung im Ganzen, wird für ihn durch das Wirken von Orgonenergie als der letzten und damit tiefsten Tatsache des Seins gestiftet. Sinn hat für Reich eine energetische Tiefenstruktur.

Damit erhält das Reichsche Paradigma der Orgontheorie eine in sich harmonische, ja fast eine faszinierende Struktur:

- Den theoretischen Kern bildet die Annahme von der Orgonenergie als letzten Grund allen Seins. Sie organisiert und gestaltet das, was uns in der materiellen Welt entgegentritt. Dabei ist – ganz im Sinne der aristotelischen Weltauffassung – die »Welt des Orgons« keine Welt hinter der materiellen Welt. Sie ist eine Welt in und mit der materiellen Welt.
- Das Wahrnehmungskonzept setzt an der sinnlichen Beobachtung von Welt in der Verbindung mit der Wahrnehmung der orgonomischen, d. h. vor allem der emotionalen Qualität des beobachteten Objektbereichs an. Sinnliche Wahrnehmung und emotionaler Eindruck werden miteinander verbunden. Sie werden nicht voneinander getrennt in eine »objektive«, da einfache Sinnwahrnehmung und in ein komplexes »subjektives«, aus wissenschaftlicher Sicht »unbedeutendes« Erleben.
- Das methodische Konzept des »orgonomischen Funktionalismus« führt bei aller speziellen Detailuntersuchung, die auch in der Reichschen Alltagsarbeit eine sehr wichtige Rolle spielt, immer wieder zur Frage nach dem »übergeordneten« Zusammenhang, nach dem Ganzen, nach den »noch tiefer« liegenden Gesetzmäßigkeiten.

Das Reichsche Paradigma der Orgonomie weist eine überaus beachtenswerte innere Abgestimmtheit und eine animierende Eleganz auf. Dies schützt allerdings nicht davor, daß es in ihm – wie innerhalb jedes anderen naturwissenschaftlichen Paradigmas auch – zu Dogmatisierungen, zirkulären Schlüssen, Fehlerklärungen oder zur Immunisierung gegenüber neuen, nicht integrierbaren Erfahrungen kommen kann und auch gekommen ist (doch darauf soll an dieser Stelle nicht eingegangen werden).

Die Auseinandersetzung um Anerkennung oder Ablehnung der Reichschen Orgontheorie als Ganzes kann und sollte sich in der heutigen Situation zunächst vor allem auf die Auseinandersetzung um die Evidenz der Grundannahme dieses Paradigmas konzentrieren. Und diese Grundannahme ist für Reich die durch empirische Argumente gestützte Gewißheit (für uns Hypothese) von der Existenz einer der Materie und dem Leben zugrundeliegenden Orgonenergie.

Grenzen

Wilhelm Reich hat in qualitativer und quantitativer Hinsicht ein monumentales Lebenswerk hinterlassen. Seine Darstellung der Orgontheorie entwickelt sich entlang der einzelnen Etappen ihrer Entdeckung. Reich hat wichtige Eigenschaften der Orgonenergie nach und nach aufgespürt, indem er, stets seiner zentralen Frage nach den Gesetzmäßigkeiten und dem Wirken von Lebensenergie folgend, sehr unterschiedliche Forschungsprojekte durchgeführt hat.

Die Eigenschaften und Gesetzmäßigkeiten der Orgonenergie entwickelt und beschreibt Wilhelm Reich entlang des roten Fadens seiner wissenschaftlichen Untersuchungen, das heißt entlang des Ganges seiner Forschungen. Darstellungen des Reichschen Werkes sind bis heute so aufgebaut. Diese Vorgehensweise, sei es bei Reich oder seinen Schülern, vermittelt einen sehr authentischen und in sich konsequent logischen Zugang zur Orgonomie.

Es fehlt allerdings bislang – das ist für ein stabiles Paradigma eine Notwendigkeit – eine lehrbuchartige, kanonisch-systematische Darstellung. Derzeit sind Begriffe, die innerhalb der Orgonomie angewendet werden, noch nicht aufeinander abgestimmt. Das zulässige Beobachtungskonzept ist weder eindeutig dargestellt, noch ist es hinsichtlich seiner Sinnhaftigkeit und der in ihm sinnvollen empirischen Methoden sorgfältig überdacht. Desgleichen fehlen detaillierte, über die Reichschen Angaben hinausgehende Anleitungen zur Reproduktion zentraler Experimente der Orgonomie (Bione, Orgonakkumulator, Cloudbuster usw.).

Auch der Abgleich mit den hinzugezogenen Hilfswissenschaften und die sachliche Auseinandersetzung mit Interpretationen kritisierter Forschungsergebnisse aus anderen Fachwissenschaften fehlen. Das orgonomische Paradigma ist derzeit weder gut strukturiert noch formal ausgereift. Dies erschwert eine faire sachliche Auseinandersetzung damit erheblich.

Wilhelm Reich hatte – wie viele Naturwissenschaftler unseres Jahrhunderts – eine nicht zu übersehende erkenntnistheoretische Naivität. Ihn haben vor allem die empirischen Sachthemen fasziniert, an denen er gearbeitet hat. Seine Methode des »orgonomischen Funktionalismus« ist als heuristische Vorgehensweise durchaus effizient, kann aber leicht in die Irre führen. Eine saubere Klärung dessen, was im jeweiligen Kontext Funktion bedeutet und wie diese Funktion auf ein Ganzes, in der heutigen Sprache: »auf ein übergeordnetes System« bezogen ist, fehlt bei ihm. Ohne eine solide systemtheoretische Fundierung (dies erscheint mir tatsächlich auch leistbar) bleibt der orgonomische Funktionalismus Reichscher Prägung zu unklar, zu willkürlich handhabbar und zu stark gegen Kritik immunisierbar, um auf Dauer befriedigen zu können.

Das an sich sehr interessante Wahrnehmungsmodell Reichs erscheint zunächst zu Recht als eine sinnvolle Erweiterung des gängigen naturwissenschaftlichen Beobachtungskonzeptes. Da Reich hier allerdings sehr stark normative Aspekte zur Beurteilung von emotionaler und damit orgonomischer Wahrnehmungsfähigkeit ins Spiel bringt und für konkrete Situationen die Anforderungen, die an den Beobachter zu stellen sind, nicht klar umreißt, ist es für reichianische Wissenschaftler schwer, Regeln für intersubjektiv akzeptable Beobachtungen zu formulieren.

Das Modell der Orgonenergie, wie Reich es zeichnet, mutet über weite Strecken sehr mechanistisch an. Viel oder wenig Pulsation, Übererregung oder Blockade sind die wesentlichen Qualitäten unterschiedlicher Zustände von Orgonenergie. Lebende Systeme werden in ihrem Fühlen, Handeln und Denken recht mechanistisch durch die in ihnen ausgelösten oder induzierten Energiezustände gedeutet.

Nach Wilhelm Reich ist Lebensenergie in bezug auf den Menschen vor allem Sexualenergie. Ohne die Bedeutung von Sexualität für das menschliche Verhalten herunterspielen zu wollen, kann jedoch eingewendet werden, daß im Reichschen Modell Deutungen für Biographien, das heißt strukturierte, nach ausgeprägten Gesetzen ablaufende Lebensaufbauten, in denen auch die Grundlebensenergie unterschiedliche Qualitätsstufen durchläuft (Vergeistigung), weder angelegt noch einfach zu integrieren sind.

Reich hat den engen Materialismus in den Naturwissenschaften erweitert. Dennoch ist seine Grundhaltung auch trotz der Einführung der Orgonenergie noch fast materialistischer Art. Für ihn sind intelligente, über Bewußtsein verfügende Wesen nur als Mensch oder, wie im Spätwerk, als außerirdischer »Mensch« vorstellbar. Geistige, nicht im Körper inkarnierte Wesenheiten sind aus der Sicht des orgonomischen Paradigmas nur als Phantasieprodukte psychisch gestörter Menschen existent. Alle Phänomene, die auf einer im klassischen Sinn als geistig zu bezeichnenden Ebene liegen, sind für Reich, sofern sie nicht im Rahmen seines orgonomischen Konzeptes interpretiert werden können, ebenfalls nur Phantasieprodukte.

Es ist hier nicht der Ort, über die Sinnhaftigkeit dieser Grenzziehungen differenziert zu argumentieren. Ich möchte lediglich deutlich machen, daß auch das orgonomische Paradigma Wilhelm Reichs Grenzziehungen vornimmt und Erfahrungen, Phänomene oder theoretische Konstrukte ausblendet, die unter gewissen Rahmenbedingungen durchaus Plausibilität für sich beanspruchen können. Auch das orgonomische Paradigma nimmt nicht nur gegenüber der etablierten Naturwissenschaft

Grenzziehungen vor, sondern baut auch Festungswälle gegenüber anderen lebensenergetischen Forschungen auf. Dies geschieht zum Beispiel gegenüber der Anthroposophie, die ähnlich wie die Reichsche Orgonomie im konkreten Vergleich mit dem herrschenden naturwissenschaftlichen Paradigma durchaus auch auf praktische Erfolge verweisen kann.

Orgonomie und herrschende Naturwissenschaft

Aus erkenntnistheoretischer Sicht gibt es keinen zwingenden Grund, das orgonomische Paradigma anzuerkennen, da es – wie angedeutet – in seiner heutigen Form erhebliche innere Schwächen aufweist und seine Grenzziehungen vor allem aus seiner Geschichte verständlich werden. Es ist also sicherlich legitim zu fragen: Warum soll man sich mit ihm überhaupt beschäftigen? Genügt das herrschende naturwissenschaftliche Paradigma nicht, um die Welt prinzipiell zu verstehen, und wäre es nicht besser, sich auf dieses in vieler Hinsicht bewährte und in unseren wissenschaftlichen Einrichtungen gut etablierte Paradigma zurückzuziehen?

Für diese Fragen gibt es keine zwingende Antworten. Allerdings gibt es aus meiner Sicht gute Argumente dafür, sich mit der Orgonomie ernsthaft auseinanderzusetzen. Einige seien abschließend genannt:

- Das orgonomische Paradigma erlaubt es, Lebensvorgänge stets in Gesamtzusammenhängen zu sehen (Rückführung auf orgonenergetische Funktionen). Es bietet damit eine nicht zu unterschätzende Möglichkeit zu einer ganzheitlichen Betrachtung sowohl des Lebens als auch des Zusammenwirkens von Natur, Mensch und Gesellschaft.
- Der Gegenstandsbereich, auf den die Orgonomie anwendbar ist, umfaßt das ganze materielle Universum. Er ist damit fachwissenschaftsübergreifend und universell.

- In der Orgonomie werden Grundanschauungen unterschiedlicher Fachdisziplinen über die Betrachtung von orgonenergetischen Prozessen vereinheitlicht und zusammengeführt. Gesetzmäßigkeiten der Biologie, der Psychologie oder auch der Sozialwissenschaft werden, da ähnlichen Grundgesetzen gehorchend, vergleichbar.
- Durch den Rückgriff auf Grundfunktionen des Lebens und des Seins (Lust – Angst; OR – Oranur – DOR usw.) werden viele Erklärungen von Details zumindest auf einer allgemeineren und abstrakteren Ebene einfacher und auf eine überschaubare Menge von Grundgesetzen rückführbar.
- Aufgrund ihres fundamentalen Erklärungsanspruches und ihres universellen Objektbereiches ist die Orgontheorie prinzipiell auf alle Lebenserscheinungen und auch auf viele andere Prozesse in unserem Universum anwendbar. Das orgonomische Paradigma besitzt damit sehr vielfältige Erweiterungsmöglichkeiten.
- In den vergangenen Jahrzehnten hat sich das orgonomische Paradigma nicht wegen seiner Theorie, sondern vor allem aufgrund seiner praktischen Wirksamkeit erhalten. Mit Hilfe dieses Paradigmas war es möglich, Phänomene zu produzieren, die im herrschenden naturwissenschaftlichen Paradigma nicht erwartet werden oder nicht erklärbar sind (vgl. Anlage 10).

ANLAGE 10 Praktische Anwendung der Orgonomie heute

Gebiet	Praxisanwendung	Anwender
sexuelle Befreiung (Liberalisierung der Sexualität unter Jugendlichen und Erwachsenen)	sexuelle Verhaltensmuster, Geschlechterrollen, Offenheit über Sexualität zu reden, Toleranz gegenüber nichtehelichen sexuellen Beziehungen	große Bereiche unserer Gesellschaft (sexuelle »Befreiung« seit der »Studentenrevolution« der späten 60er Jahre)
sexualfreundliche Kindererziehung (Kindererziehung mit nur geringen Sexualtabus)	Enttabuisierung »kindlicher« Sexualität, Liberalisierung und »Enttabuisierung« von Sexualität in der Familie; »antiautoritäre« oder selbstregulatorische Kindererziehung	große Bereiche unserer Gesellschaft (grundlegende Veränderung der Leitbilder der Erziehung seit Ende der 60er Jahre)
Vegetotherapie (bioenergetische, am Körper ansetzende, Psychotherapie)	Einbeziehung des Körpers in die Psychotherapie, gezielte Beachtung der Sexualität und Orgasmusfähigkeit in der Psychotherapie und Psychohygiene	weite Bereiche der Psychotherapie, fast der gesamte Sektor der körperorientierten Psychotherapien
Orgontherapie (bioenergetische Therapie unter Einbezug des Orgonakkumulators und des Medical DOR-Busters)	Behandlung von Biopathien, wie z. B. Krebs, unter Einbezug von Orgongeräten	einige wenige reichianische Ärzte in den USA, in Deutschland und in einigen anderen Ländern

ANLAGE 10

Gebiet	Praxisanwendung	Anwender
Orgonbestrahlung (Einsatz von Orgonakkumulatoren und Medical DOR-Bustern für unterschiedliche medizinische und biologische Zwecke)	Nutzung von Orgonakkumulatoren für die Behandlung von Wunden, zur Revitalisierung, in Belastungssituationen (bei Menschen, Tieren und Pflanzen)	einige reichianische Ärzte, einige Heilpraktiker, wenige Privatpersonen
	Nutzung von Orgonakkumulatoren zur Herstellung von medizinischen Heilmitteln	sehr wenige Hersteller, ständig wachsender Klientenkreis
	Nutzung von Orgonakkumulatoren zur Herstellung von Präparaten zur Sanierung von belasteten Umweltbereichen	wenige Hersteller mit einem wachsenden Kundenkreis, insbesondere in der Landwirtschaft (Gülle) und bei der Abwasserbehandlung
Cloudbusten (Wetterbeeinflussung mittels Cloudbuster)	Auflösung von atmosphärischen DOR-Situationen, Beendigung von Trockenheitsphasen durch die Auslösung von Regenfällen, Revitalisierung von Dürrelandschaften	sehr wenige Cloudbusteroperatoren
Orgonforschung	Forschungen zu Bionen, zur Wirkungsweise von Orgongeräten, zu niedrigstrahlender Radioaktivität und zur DOR-Entstehung	weltweit wenige kleine Forschungsinstitute und einige Privatpersonen

OROP Wüste: Forschungsbericht oder Science-fiction?

Bausteine der Argumentation

Reich wechselt in *OROP Wüste* mehrfach das Thema, ohne daß dem Leser der Grund dieses Themenwechsels auf Anhieb evident wird. Um einen leichteren Zugang zu dem Text zu finden, erscheint es sinnvoll, die Reichsche Argumentation in mehrere Einzelthemen aufzulösen und diese dann neu miteinander zu verbinden. Diese Vorgehensweise verändert nichts an Reichs Aussagen, erleichtert aber dem Leser den Überblick über die von Reich unterstellten Annahmen und die aus diesen gezogenen Schlüsse. Zugleich werden bestimmte Prämissen und Folgerungen so weit voneinander entkoppelt, daß sie getrennten Plausibilitätsbetrachtungen unterzogen werden können. Dies gilt insbesondere für die Erklärung der Wirkungen von atmosphärischem DOR einerseits und der Erklärung seines Entstehens durch außerirdische Raumschiffe andererseits.

Vereinfacht läßt sich die zentrale Argumentationskette von *OROP Wüste* wie folgt rekonstruieren:

Thema I: DOR, Dürre und Wüstenbildung

Die Existenz von Orgonenergie und das Paradigma der Orgontheorie werden vorausgesetzt.

Aus dieser Sicht ist die Erde von einer Orgonhülle umgeben, die sich ausdehnen oder zusammenziehen kann. Durch Expansion und Kontraktion dieser Energiehülle werden Lebensprozesse und Wetter beeinflußt.

Von der atmosphärischen Orgonenergiehülle geht eine expansive, der Schwerkraft entgegengerichtete Kraft aus (Antischwerkrafteffekt). Eine gleichmäßige und stark expandierende Energiehülle verstärkt den Antischwerkrafteffekt. Der Rückzug von Orgonenergie und ihre Kontraktion hingegen schwächen diesen Effekt ab. (Reich erläutert beide Prozesse am Aufstiegs- Seiten 17 f.
verhalten von Rauch und Nebel.)

Der Jahresverlauf ist geprägt durch einen Rhythmus von Expansion (Frühling) und Kontraktion (Herbst) der Orgonenergie- Seiten 22 ff.
hülle.

DOR ist blockierte, immobilisierte Orgonenergie. Ansammlungen von DOR, das heißt DOR-Wolken, haben eine lähmende, devitalisierende Wirkung auf alle Lebewesen.

Wettersituationen, die von DOR beherrscht werden, blockieren energetische Pulsation, verhindern Wolken- und Regenbildung, devitalisieren Lebewesen und bringen Dürre in die betroffene Landschaft. Langanhaltende Dürre oder Trockenheit stabilisiert solche DOR-Situationen und löst schließlich Wüstenbildung aus.

Wüstenbildung unter DOR-Einfluß findet nicht nur in der äußeren Natur statt, sondern sie spielt sich auch energetisch im Menschen ab. Gefühle erstarren und verdorren. Im Mensch bildet sich eine *»emotionale Wüste«*. Je weiter dieser Entwicklungs- Seite 13
prozeß voranschreitet, um so mehr büßen Menschen ihre Fähigkeit ein, die sie umgebende energetische Situation wahrnehmen zu können. Der Mensch verliert das Gefühl für die Bedrohlichkeit von DOR-Situationen. Er hält sie für normal. OR-Zustände, in denen Orgonenergie pulsiert, erscheinen ihm hingegen bedrohlich.

Der Mensch beginnt das zu verteidigen, was seine Lebensfähigkeit einschränkt und blockiert. Er wird Opfer und Täter der »emotionalen Verwüstung«.

Thema II: Cloudbusten

Cloudbusten ist die Technik, mit der nach Reich unter Beachtung der orgonomischen Gesetzmäßigkeiten Wettersituationen beeinflußt und verändert werden können. Cloudbusten ist »Ingenieurshandeln«. Es läßt sich wie folgt charakterisieren:

Seiten 62ff.

Cloudbusten bezeichnet nach Reich alle Techniken, die in der Atmosphäre zum Aufbau oder Abbau von Wasserdampf sowie zur Veränderung von Qualität und Konzentration von OR in abgegrenzten Bereichen der Orgonenergiehülle bis hin zur Beeinflussung von Schwerkraft eingesetzt werden können.

Cloudbusten beruht auf zwei Gesetzmäßigkeiten der Orgonenergie: (1) Orgonenergie hat in allen drei ihrer Grundzustände (OR, Oranur, DOR) eine starke Affinität zu Wasser, das heißt, Orgonenergie bindet sich an Wasser, bzw. Orgonenergie und Wasser ziehen sich gegenseitig an. (2) Orgonenergie fließt in bzw. um Metalleitbahnen besonders gut. Der Cloudbuster ist ein Gerät, in dem die gegenseitige Anziehungskraft von Orgonenergie und Wasser durch das Zwischenschalten von Metallröhren entlang einer linearen Bahn (entlang eines Strahls) zentriert bzw. ausgerichtet wird.

Der Cloudbuster saugt Orgonenergie aus dem Bereich des Himmels, auf den er gerichtet ist. Durch Cloudbusten wird somit die Konzentration der Orgonenergie in der atmosphärischen Energiehülle lokal gezielt verändert. Dem Bereich des Himmels, auf den der Cloudbuster weist, wird Energie entzogen, und ein Fließprozeß wird ausgelöst. Damit entsteht ein Energiegefälle zwischen diesem Bereich und seiner Umgebung. Aufgrund der speziellen Eigenschaften der Orgonenergie kann sich dieses Energiegefälle von selbst verstärken.

Durch Ziehen des Saugstrahls über den Himmelsraum können Strömungsbahnen für Orgonenergie geschaffen werden. So kann in einem Feld blockierter Energie neue Bewegung entstehen.

Die Wetterbeeinflussung läßt sich vereinfacht auf drei Grundprinzipien aufbauen: (1) Regenwolken lösen sich auf, wenn Seite 63 ihnen das orgonomische Potential durch direktes Zielen des Cloudbusters auf die entsprechende Wolke entzogen wird. (2) Regenwolken wachsen, wenn in ihrer Nähe das orgonomische Potential verringert wird. Durch das entstehende Energiegefälle fließt der Wolke, die eine höhere Energiekonzentration als ihr Umfeld aufweist, weitere Orgonenergie aus der Umgebung zu. (3) Durch das Ziehen des Saugstrahls über den Himmelsraum werden Bahnen der Dekonzentration von Orgonenergie geschaffen. Von ihnen gehen Energieströmungen aus, die die geschaffenen Potentialunterschiede weiter verstärken.

Reich setzt diese Grundprinzipien situationsspezifisch differenziert und unter Beachtung des West-Ost-Stromes, dem die Orgonenergie in der Regel in der Atmosphäre der Nordhalbkugel unterliegt, zur Wetterbeeinflussung ein.

Thema III: DOR, Melanor und außerirdische Raumschiffe

Der aus gängiger naturwissenschaftlicher Sicht am schwierigsten zu akzeptierende Teil des Berichts *OROP Wüste* ist der, in dem Reich die Entwicklung von DOR und Wüste auf den Einfluß außerirdischer Raumschiffe zurückführt. Auch hierzu sei zunächst die Argumentation in ihren wesentlichen Schritten nachvollzogen:

Reich hatte zunächst geglaubt, DOR-Belastungen seien im wesentlichen eine Folge des Zusammenwirkens von Radioaktivität und Orgonenergie. Er nahm ab 1953 aufgrund von eigenen Beobachtungen und Zeitungsberichten an, daß weltweit große Bereiche mit DOR verseucht seien. Zudem war ihm in den Jahren zwischen 1951 und 1953 aufgefallen, daß DOR-Wolken zwischen der Frühjahrs- und der Herbsttagundnachtgleiche Seite 46 besonders intensiv auftraten. Reich begann daraufhin an der

Allgemeingültigkeit der Hypothese von der DOR-Entstehung durch das Zusammenwirken von niedrigstrahlender Radioaktivität und OR zu zweifeln.

Seiten 27f. 1952 stellte Reich eine DOR-Überflutung seiner Forschungsstation (Orgonon/Rangeley) fest. Diese Überflutung ging mit dem Auftreten einer schwarzen Substanz einher, die fein verteilt in der Atmosphäre anzutreffen war und die sich überall niederschlug. Reich nannte sie *Melanor*. Melanor löst die gleichen energetischen Effekte aus wie DOR. Reich glaubte daher, es müsse eine Umwandlung von DOR in Melanor und umgekehrt möglich sein und stattfinden. DOR und Melanor erschienen ihm somit als funktional identisch.

Die Frage nach der Entstehung von DOR führte Reich über die funktionale Identität von DOR und Melanor auf eine neue Spur. Aus astronomischen Beobachtungen schloß er auf die
Seite 38 Entstehung von Melanor auf dem Mond und in anderen Bereichen des Weltalls. Er vermutete nun, Melanor würde durch die Konzentration der Orgonenergiehülle angezogen und in der Atmosphäre zur Bildung von DOR/Melanor-Wolken führen.

Melanor ist für Reich vor allem Orgonenergie aus dem Welt-
Seite 40 raum, die die Molekularstruktur von Wasser auflöst sowie zur Bildung von Ozon (O_3) einerseits und H-Ionen andererseits führt. Melanor hat eine große Saugkraft bezüglich der biochemischen Grundbausteine Wasser und Sauerstoff. DOR/Melanor dehydrieren ihre Umgebung und entziehen ihr zudem den Sauerstoff. Hieraus erklärt sich für Reich einerseits die DOR-Krankheit und andererseits die Wüstenbildung.

Die Frage nach der Herkunft von DOR/Melanor ist damit zwar räumlich aber noch nicht kausal gelöst. Reich führte hierzu eine gewagte Hypothese ein, die er zusätzlich durch eigene Beobachtung untermauerte. In vorangegangenen Experimenten *(Oranur-Experiment)* hatten sich deutliche Anzeichen dafür
Seiten 45f. ergeben, daß durch hocherregte Orgonenergie (Oranur) die Intensität des Gravitationsfeldes verändert werden kann. In die-

sem Prozeß war für Reich zum erstenmal erkennbar DOR aufgetreten.

Reich folgerte nun, daß außerirdische Raumschiffe, über deren Sichtung zu Beginn der fünfziger Jahre viele Berichte vorlagen, vielleicht nach diesem Prinzip (Antigravitationseffekt konzentrierter Orgonenergie) funktionierten und DOR/Melanor als Abfallprodukt ihres Antriebssystems produzierten.

Er kam auf diesem Wege zu dem Schluß, DOR/Melanor stamme auch von außerirdischen Raumschiffen. Seine Behauptung begründete er nicht nur durch die eben aufgeführten Argumente, sondern auch durch seine eigenen Beobachtungen solcher Raumschiffe. Ja, er glaubte sogar, mit Hilfe des Cloudbusters diese außerirdischen Raumschiffe bedrohen und zum Absturz bringen zu können. Seiten 35 ff.

Betrachtet man die eben aufgezählten Bausteine der Reichschen Argumentation, so zeigt sich, daß Baustein I und II eng aneinander gekoppelt sind und dem Kern des Paradigmas der Orgontheorie wesentlich näher stehen als Baustein III und daß letzterer auch in Hinsicht auf das orgonomische Paradigma sehr spekulative Hypothesen enthält, die auf kaum nachvollziehbaren Beobachtungen beruhen. Baustein III liefert zwar eine Erklärung zur Herkunft von DOR/Melanor, beinhaltet aber darüber hinaus keinen wesentlichen Beitrag zum Verständnis der Möglichkeiten der Wetterbeeinflussung durch Cloudbusten. Sind jedoch Reichs Vermutungen zutreffend, so müßte eine neue Runde der globalen Klimadiskussion begonnen werden. Ferner zeigt sich, daß Baustein I die theoretische Grundlage für Cloudbusten beschreibt (theoretische Erklärung), daß Baustein II Anleitungen zur technischen Vorgehensweise beim Cloudbusten enthält und daß die Annahme der Existenz von außerirdischen Raumschiffen ein wesentliches Element für die Hypothese ist, wonach die Überflutung der Erdatmosphäre mit DOR/Melanor außerirdischen Ursprungs ist.

Ob und inwieweit die in den drei Bausteinen aufgestellten

Behauptungen zureffend sind, kann und muß hinsichtlich ihrer Plausibilität auf unterschiedlichen Wegen überprüft werden.

Die Aussagen von Baustein I stehen und fallen mit der Akzeptanz des orgonomischen Paradigmas. Sie gehören im wesentlichen zum Kern seines theoretischen Gebäudes. Existiert Orgonenergie, so wie Reich sie beschreibt, dann erscheint Baustein I plausibel, existiert sie nicht, so gibt er nur Phantastereien wieder.

Cloudbusten als technischer Prozeß könnte sogar ohne gedankliche Akzeptanz des orgonomischen Paradigmas ansatzweise überprüft werden. Die Handlungsanleitung läßt sich durchführen, ohne die Existenz von Orgonenergie tatsächlich vorauszusetzen. Solch eine Handlung würde zwar zunächst verrückt erscheinen (warum soll man ein Experiment durchführen, dessen theoretische Grundlage man für nicht zutreffend hält?), aber sie wäre realisierbar. In dieser »voraussetzungsarmen« Verfügbarkeit der Reichschen Wetterexperimente liegt allerdings ein hohes technisches und moralisches Risiko, auf das ich hier später noch gesondert eingehen werde.

Würden durch ein »Nachfahren« der Reichschen Wetterexperimente tatsächlich die von Reich vorausgesagten Wirkungen eintreten, so würde dies in gewisser Weise für Reich als Experimentator sprechen, müßte aber keineswegs zwingend zur Anerkennung des orgonomischen Paradigmas führen. (Die Situation, in der sich heute im medizinischen Bereich die Homöopathie befindet, ist ähnlich. Der Einsatz homöopathischer Mittel zeigt häufig Wirkungen, die ohne sie nicht zu erwarten wären. Die Erklärungskonzepte dafür reichen von Verweisen auf den Placeboeffekt bis hin zu eher esoterischen und von der Schulmedizin daher nicht akzeptierten Deutungen des Geschehens.)

Die möglichen Belege für die Behauptungen in Baustein III sind zu staffeln: Zunächst müßte das Auftreten von außerirdischen Raumschiffen nachgewiesen werden, danach wären Belege für die DOR/Melanor-Produktion zu erbringen, sei es als

Emission der Antriebssysteme oder als bewußt eingesetzte technische Maßnahme der Außerirdischen. Beides führt zumindest bis an die Grenze des orgonomischen Paradigmas, vielleicht sogar darüber hinaus. Seite 51

Da Paradigmen gewissermaßen Gebäude sind, die man durch freien Entschluß (der allerdings begründete Überlegungen voraussetzt) betritt, sollen an dieser Stelle keine Plausibilitätsargumente, weder für das orgonomische Paradigma noch dagegen, erörtert werden. Der Text *OROP Wüste* allein bietet keine ausreichende Grundlage dafür, solch eine Debatte sinnvoll und dem Gesamtwerk Reichs angemessen zu führen. In *OROP Wüste* interessieren vor allem die praktischen Folgerungen im Hinblick auf die Wetterbeeinflussung, die Reich aufgrund des orgonomischen Paradigmas entwickelt. Hier erscheint es sinnvoll, das Wissen in Betracht zu ziehen, das bislang als Erfahrung zum Cloudbusten vorliegt.

Wenn es außerirdische Raumschiffe gibt, so sind Mutmaßungen darüber, ob, auf welche Weise und in welcher Intensität sie DOR/Melanor erzeugen zwar im orgonomischen Paradigma behandelbar, aber aufgrund des geringen bisher veröffentlichten Wissens über diesen Prozeß kann dies nur sehr spekulativ geschehen. Die empirische Frage konzentriert sich zunächst vor allem darauf, ob die Hypothese, daß es außerirdische Raumschiffe gibt, plausibel ist und ob solche Raumschiffe in den vergangenen Jahrzehnten auf der Erde oder in ihrem Umkreis tatsächlich gesichtet worden sind.

In den folgenden Abschnitten soll hinsichtlich der eben angesprochenen Themen einzelnen Argumentationen in *OROP Wüste* nachgegangen werden.

Aspekte von exemplarischer Bedeutung

Die Reichsche Vorgehens- und Betrachtungsweise läßt sich an einigen Beispielen aus *OROP Wüste* exemplarisch verdeutlichen. Reich betrachtet Lebensphänomene stets aus der Sicht der in ihnen wirkenden Orgonenergie. So ist es ihm möglich, auch solche Phänomene und Tatsachen auf abstrakter Ebene zusammenzuführen, die im Gestrüpp der Spezialwissenschaften des herrschenden naturwissenschaftlichen Paradigmas in der Regel nicht oder nur unzureichend miteinander verbunden werden.

Die Art der Ganzheitsbetrachtung von Reich zeigt sich deutlich in Anlage 11, wo einige Gesetzmäßigkeiten und Wirkungen von Orgonenergie beispielhaft geschildert werden. Mit Hilfe des Konzeptes der Orgonenergie gelingt es Reich, Wissen interdisziplinär übergreifend zu integrieren und zu strukturieren.

Am Beispiel der Beschreibung der Merkmale einer DOR-Wolke lassen sich Reichs Beobachtungskonzept und wissenschaftliche Wahrnehmung gut erkennen (vgl. Anlage 12). Reich verwendet zur Beschreibung von Naturvorgängen nicht nur »objektive« Fakten, sondern nutzt dazu auch emotionale Eindrücke. Durch das unterstellte Konzept der Orgonenergie verlieren emotionale Wahrnehmungen den Charakter des »rein Subjektiven« und stellen eine Widerspiegelung äußerer orgonenergetischer Situationen dar, die allerdings aufgrund der psychischen Persönlichkeitsstruktur systematisch verzerrt sein kann.

Seiten 54ff.

Reich ist nicht mit voller Leidenschaft, sondern eher notgedrungen Theoretiker. Sein Erkenntnisinteresse und sein Forschen richten sich letztendlich immer auf Möglichkeiten, Lebensprozesse zu stützen, zu therapieren und Krankheiten zu heilen, das heißt, sein Erkenntnisinteresse ist vor allem ein praktisches. Dies wird auch in *OROP Wüste* sehr deutlich. Der gesamte Bericht zielt darauf hin, Möglichkeiten zu entwickeln, um als gestört anzusehende Wettersituationen zu beeinflussen.

Ganzheitliche Betrachtung (nach Senf, 1989) ANLAGE 11

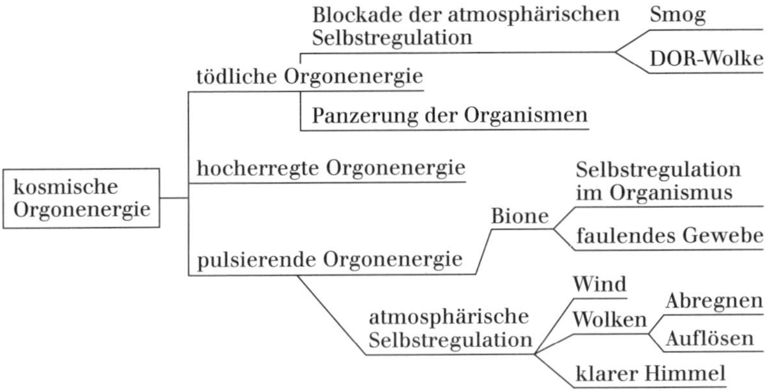

Theoretische Erklärungen haben für Reich vor allem die Aufgabe, Welt so zu beschreiben, daß lebensangemessene und lebensfördernde Handlungen ermöglicht werden. Es ist deshalb nicht verwunderlich, daß Reichs Forschungsprozeß unvermittelt in technokratische Handlungsanleitungen übergeht. Der Umgang mit Wetter wird so auf kurzem Wege zu einer »technischen« Aufgabe. Ob und inwieweit die einzelnen Menschen oder gar die Gesellschaft geeignet sind, diese Aufgabe zu handhaben, ohne Destruktionen auszulösen oder zu ermöglichen, thematisiert Reich erst, nachdem die Technologie im Prinzip für jeden verfügbar ist. Dieser Weg der Technikentwicklung, der mit der Nutzbarkeit einer Technologie zugleich auch ihr volles Risikopotential freisetzt, hat sich in all unseren Großtechnologien als eine Schreckensvision erwiesen, und er wird von Reich mit der gleichen Naivität betrieben, wie dies vor und nach ihm in den industrialisierten Gesellschaften mit nahezu allen Technologien geschehen ist und geschieht. Im Hinblick auf das Verhalten ihrer Entdecker unterscheidet sich die Nutzung der Orgontechnik bislang strukturell nicht erheblich von der gängigen Verwendung der Atom- oder Gentechnologie.

ANLAGE 12

DOR und Biosphäre (Beobachtungsschema)

Seiten 55f.

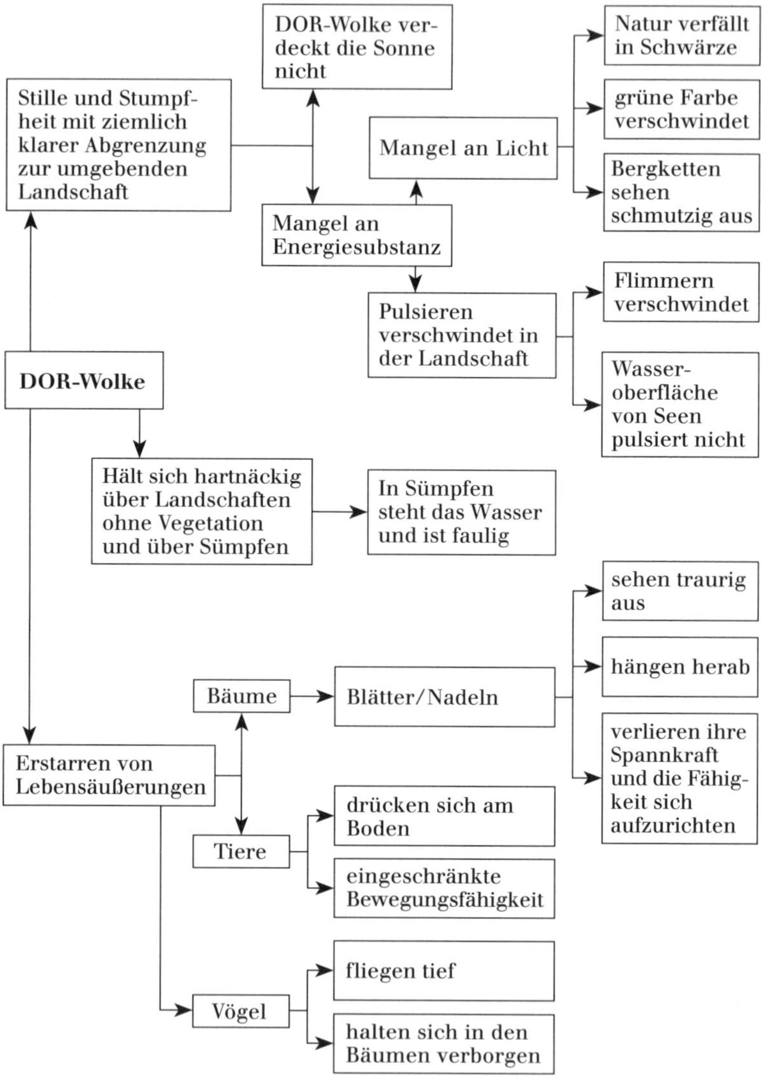

Wetterbeeinflussung durch Cloudbusten

Berichte über Cloudbusteroperationen liegen von verschiedenen Autoren vor (vgl. Anlage 13). Bei diesen Operationen wurden unterschiedliche Arten der Wetterbeeinflussung angestrebt, und diese sind nach Aussagen der Autoren in der Regel auch erfolgreich durchgeführt worden. Das gilt insbesondere für

- Regenbildung in Trockenheitsperioden
- Sicherung von schönem Wetter gegenüber aufziehenden Regenfronten
- Umlenkung und Auflösung von Wirbelstürmen
- Nebelauflösung
- Auflösung von belastenden DOR-Situationen
- energetische Revitalisierungen von Wüsten durch Feuchtigkeits- und Regenbildung.

Einige der Operationen sind durch Zeugen, die ursprünglich nicht den Vertretern des orgonomischen Paradigmas zugerechnet werden können, oder sogar durch Zeitungsartikel belegt.

Die Anlage 13 gibt einen Überblick über die in *OROP Wüste* genannten Cloudbusteroperationen und über weitere Experimente, die in der mir vorliegenden Literatur dokumentiert werden. Bei den Experimentatoren handelt es sich (neben Reich) um Reich-Schüler der ersten Generation (Hoppe, Blasband u.a.) oder um Reichianer späterer Zeiten (DeMeo, Fuckert, Berliner Cloudbustergruppe u.a.). Lediglich Kelly scheint als professioneller Meteorologe und Nicht-Reichianer aufgrund von Zeitungsberichten unmittelbar mit Cloudbusterversuchen begonnen zu haben.

Für die nicht unbeträchtliche Anzahl von Cloudbusteroperationen liegen im Prinzip ähnlich lautende Berichte vor, insbesondere auch über Erfahrungen mit den gefährlichen und belastenden Nebenwirkungen. Die Studien erwecken den Eindruck, daß mit dem Reichschen Cloudbuster durchaus Phänomene erzielt werden, die die Wirksamkeit dieses Gerätes belegen.

ANLAGE 13 Cloudbusten die Kontinuität der praktischen Anwendung

Jahr	Bezeichnung	Zielsetzung	Ergebnis	Operator	Quelle
1952	*OROP Rangeley*	Durchbrechen einer Dürreperiode	Regen tritt auf	W. Reich	Reich, 1995
1953	*OROP Elsworth*	Beenden einer Dürreperiode, Aufbau von Regenwolken und Herbeiführen von Feuchtigkeit aus Seen- oder Meeresgebieten	Wetterfront regnet ab, Aufbau von Nebelbänken	W. Reich	Reich, 1995
1953	*OROP Orgonon*	Beenden einer Trokkenheitsphase, Ausbreitung von Regen von Rangeley nach Neuengland (Entfernung 400–800 km)	Auftreten eines Wolkenbruchs über New York	W. Reich	Reich, 1995
1953	*OROP Kinderparade*	Verhinderung von Regen während eines Kinderfestes	Schönes Wetter in Rangeley trotz Regen im Umkreis	W. Reich	Reich, 1995
1953	*OROP Boston*	Beseitigung einer massiven DOR-Situation mit Hitze über Neuengland und anderen Oststaaten, Aufbau eines hohen OR-Potentials über Boston	Gewitter und heftige Regenfälle über Boston	W. Reich	Reich, 1995
1953	*OROP Hancock*	Test von Trainingsmöglichkeiten für Operatoren, Nutzung des galaktischen OR-Energiestromes zur Wetterbeeinflussung	Steuerbarkeit von Regenfronten, Auslösen von Unwettern	W. Reich	Reich, 1995
1954	*OROP Atlantic Coast*	Beendigung einer Trockenheit	Regen, Temperaturabkühlung	W. Reich	Moise, 1954 Boadella, 1981

ANLAGE 13

Jahr	Bezeichnung	Zielsetzung	Ergebnis	Operator	Quelle
1954	*OROP »Edna«*	Beeinflussung der Zugbahn eines Wirbelsturms	Änderung der Zugbahn	W. Reich	
1954	*OROP Arizona I*	Wiederbelebung einer Wüste	Herausbildung einer »Primärvegetation«	W. Reich	Reich, 1957
1955	*OROP Arizona II*	Wiederbelebung einer Wüste	Herausbildung einer »Primärvegetation«	W. Reich	Reich, 1957
1958	*OROP Stamford/ C.*	Teilweise Einflußnahme auf Wolkenbildung und Wetterbedingungen	Wolkenbildung, Regen	Ch. Kelley	Kelley, 1985
1959	*OROP Westport/ C. I*	Teilweise Einflußnahme auf Wolkenbildung und Wetterbedingungen	Schneefall, Regenbildung	Ch. Kelley	Kelley, 1985
1959	*OROP Westport/ C. II*	Beendigung einer Hitzephase, Auflösung einer DOR-Belastung	Gewitterschauer, Bildung einer Wolkendecke	Ch. Kelley	Kelley, 1985
1960	*OROP Stamford/ C. I*	Testweise Verstärkung einer Wetterfront, DOR-Ableitung	Wanderung der Wetterfront, Regen	Ch. Kelley	Kelley, 1985
1960	*OROP Stamford/ C. II*	Auflösung einer DOR-Belastung	Regen	Ch. Kelley	Kelley, 1985
1965	*OROP Pennsylvania*	Serie von 38 Tests zur Erprobung des Cloudbusters und zur Erzeugung von Regen	90% Erfolg bei Wolkenauflösungen, 18mal Auftreten von Niederschlägen	R. Blasband	Blasband, 1995

ANLAGE 13

Jahr	Bezeichnung	Zielsetzung	Ergebnis	Operator	Quelle
1967	*OROP »Doria«*	Ablenkung der Zugbahn eines Hurrikans	Vermutliche Wirkung plausibel belegt	R. Blasband	Blasband
1970	*OROP California*	Beendigung einer Dürrephase	Regen	T. Constable	Blasband, 1971
1970	*OROP Backwash I*	Verstärkung einer Wetterfront, Transport von Regen über eine weite Strecke	Transport gelingt, Regen und Wolkenbrüche mit Hagelschauern	T. Constable	Constable
1971	*OROP Pennsylvania*	Beendigung einer extremen Dürre	Regen	R. Blasband	Blasband, 1971
1971	*OROP Idaho I*	Auflösung einer massiven, stabilen DOR-Situation in der Atmosphäre	Auflösung erreicht	J. Eden	Eden
1971	*OROP Idaho II*	Beendigung einer Hitzewelle, Auflösung einer massiven, stabilen DOR-Situation in der Atmosphäre	Regen, Abkühlung, Gewitter, heftiger Regen	J. Eden	Eden
1971	*OROP »Kooler«*	Beendigung einer Hitzephase über Südkalifornien	Massive Abkühlung	T. Constable	Constable
1971	*OROP Schweizer Basin*	Auflösung einer starken DOR-Konzentration, Auslösen von Schneefällen	Ausgiebige Schneefälle	J. Eden	Eden
1972	*OROP Inversionslage*	Auflösen einer durch DOR-Konzentration ausgelösten Inversionslage über Neuengland	Heftige Regenfälle	R. Blasband	Blasband, 1972
1972	*OROP Pennsylvania*	Auflösung einer hohen DOR-Konzentration	Entionisierung der Atmosphäre, Regen, Hagelschauer	R. Blasband	Blasband, 1973

ANLAGE 13

Jahr	Bezeichnung	Zielsetzung	Ergebnis	Operator	Quelle
1973	*OROP Bayview*	Auflösung einer starken DOR- und Oranur-Konzentration, Auslösen von Regen	Beendigung einer Dürrephase, Regen	J. Eden	Eden
1973	*OROP Nordost USA*	Auflösung einer DOR-Konzentration	Regen	R. Blasband	Blasband 1975
1974	*OROP Pennsylvania*	Auflösung einer hohen DOR-Konzentration	Regen	R. Blasband	Blasband 1975
1975	*OROP Neuengland*	Auflösung einer hohen DOR-Konzentration	Gewitter mit Schnee	R. Blasband	Blasband, 1976
1976	*OROP Pennsylvania*	Beendigung einer Trockenheitsphase	Regenfälle	R. Blasband	Blasband, 1976
1977	*OROP Idaho*	Auflösung einer schweren DOR-Belastung, Beendigung einer Dürre	OR-Fluß kommt in Gang, Regenfälle	J. Eden	Blasband, 1977
1977	*OROP Portland*	Auflösung einer schweren DOR-Belastung, Beendigung einer Dürre	Regenfälle	NN/ Student	Blasband, 1977
1977	*OROP Mt. Shasta/ California*	Hervorrufen von Niederschlägen	Regenfälle	NN/ Student	Blasband, 1977
1977	*OROP Pennsylvania*	Vermeidung einer Dürresituation	Regenfälle	E. Baker	Blasband, 1977
1977	*OROP Heatwave*	Beendigung einer Hitzewelle	Starke Regenfälle, Sturm	R. Blasband	Blasband, 1977
1977	*OROP California*	Auflösung einer schweren DOR-Belastung, Beendigung einer extremen Dürrephase	Massive Regenfälle, OR-Pulsation	R. Blasband	Blasband, 1978
1977-1978	*OROP Kansas I*	12 Tests mit dem Cloudbuster, Wolken auflösen, Herbeiführen oder Unterstützen von Regen	Erfolgsquote 80%	J. DeMeo	DeMeo

ANLAGE 13

Jahr	Bezeichnung	Zielsetzung	Ergebnis	Operator	Quelle
1979-1980	*OROP Kansas II*	Beenden von Trokkenheitsperioden, 12 Tests mit dem Cloudbuster	Hohe Erfolgsquote, Regen, Auftreten von Stürmen	J. DeMeo	DeMeo
1979	*OROP Firebreak*	Beendigung einer Hitze- und Dürrephase, Löschen von Waldbränden	Erzeugung von Regen, Verlöschen von Bränden	J. Eden	Eden
1981	*OROP Florida I*	Beendigung einer schweren Trockenheit	Auftreten von Regenfällen und und Sturm	J. DeMeo	DeMeo
1982	*OROP Florida II*	Hervorrufen von Regenfällen	Auftreten von Regenfällen	J. DeMeo	DeMeo
1983	*OROP Illinois*	Beendigung einer Trockenheitsphase	Auftreten von Regenfällen und Sturm	J. DeMeo	DeMeo
1983	*OROP Pennsylvania*	Beendigung einer massiven Dürrephase	Regenfälle, Gewitter	R. Blasband	Blasband, 1984
1985	*OROP Neuengland*	Beendigung einer schweren Dürrephase	Stürme, heftige Regenfälle	R. Blasband	Blasband, 1985
1985	*OROP Florida*	Auflösung einer Hitzewelle	Regenfälle, Sinken der Temperatur	J. DeMeo	DeMeo, 1985
1986	*OROP New Jersey*	Auflösung einer schweren DOR-Belastung	Regenfälle	R. Blasband	Blasband, 1987
1986	*OROP Florida*	Auflösung einer schweren DOR-Belastung	Stürme, Regen, Hagel	J. DeMeo R. Morris	Blasband u.a., 1987
1986	*OROP Tschernobyl*	Beeinflussung des Weges von Wetterfronten zur Ablenkung des radioaktiven Fallouts nach dem Reaktorunfall von Tschernobyl	Geringer Eintrag von Fallout nach Mitteleuropa	M. Fuckert	Fuckert, 1987

ANLAGE 13

Jahr	Bezeichnung	Zielsetzung	Ergebnis	Operator	Quelle
1988	*OROP Arizona*	Auslösen von Regen in einem Dürregebiet	Regenfälle	J. DeMeo	DeMeo, 1989
1989	*OROP Arizona (5 getrennte Operationen)*	Auslösen von Regen in einem Dürregebiet, Versuche zur Revitalisierung von Wüstengebieten	Abkühlung, Regenfälle	J. DeMeo	DeMeo, Metz, 1992
1989	*OROP Europa I*				
1989	*OROP Europa II*				
1990	*OROP Montana*	Bekämpfung einer zwei Jahre andauernden Dürresituation	Regenfälle	J. DeMeo	DeMeo, Metz, 1992
1990	*OROP Sierras/ Kalifornien (2 getrennte Operationen)*	Auslösung von Regenfällen in einer Dürrephase	Regenfälle	J. DeMeo	DeMeo, Metz, 1992
1990	*OROP Griechenland (3 getrennte Operationen)*	Regenfälle, Auflösung einer Dürrephase	Regen, Schneefälle im November	J. DeMeo	DeMeo, Metz, 1992
1991	*OROP Israel*	Beendigung einer anhaltenden Trockenheit, Revitalisierung von Dürregebieten	heftige Regenfälle, Stürme, Schneefall	J. DeMeo	DeMeo, 1992
1992	*OROP Israel*	Beendigung einer massiven Regenphase	Abklingen der Regenfälle	J. DeMeo	DeMeo, 1992
1992	*OROP Europa III*				
1992	*OROP Europa IV*				
1992	*OROP Afrika I*				
1993	*OROP Europa V*				
1993	*OROP Europa VI*				
1993	*OROP Afrika II*				
1994	*OROP Europa VII*				
1994	*OROP Europa VIII*				
1994	*OROP Afrika III*				
1995	*OROP Afrika IV*				

ANLAGE 13 Anmerkung zu Anlage 13:
Diese Tabelle nennt diejenigen Cloudbusteroperationen, die mir bekannt sind. Sie gibt keinen vollständigen Überblick über die bisherige Praxis des Cloudbustens.

Operationen, von denen ich Kenntnis habe, über die bislang jedoch keine Publikationen vorliegen, sind nur mit Jahr und Kontinent aufgeführt. Die Einzeleingriffe pro Operation sind nicht gezählt.

Nun könnte man jedoch einwenden, daß alle, die Cloudbusteroperationen durchführten, von der prinzipiellen oder möglichen Wirksamkeit des Cloudbusters ziemlich überzeugt sein mußten, um überhaupt bereit zu sein, den Finanz- und Arbeitsaufwand für den Bau und Einsatz eines solchen Gerätes aufzubringen. Soviel Vorleistung wird vermutlich nur derjenige einsetzen, der sich Erfolg verspricht. Solch eine Grundhaltung kann aber leicht dazu verführen, auch dann einen Erfolg zu reklamieren, wenn dieser für einen Dritten gar nicht erkennbar ist. Das Argument ist zweifelsohne sehr gewichtig; es trifft aber prinzipiell auf alle experimentellen Naturwissenschaften zu. Naturwissenschaftler führen ihre Experimente freilich immer mit einer gewissen Hoffnung auf das erwartete Ergebnis durch. Bei der experimentellen Forschung hat es immer wieder Fälle gegeben, daß positive Versuchsausgänge registriert wurden, die sich im nachhinein als Sinnestäuschung, als Fehldeutung von Daten oder manchmal auch als Fälschung herausstellten.

Die Möglichkeit der Fehldeutung von Experimenten ist für alle experimentelle Naturwissenschaft unstrittig, dennoch unterstellen wir, daß sie die Ausnahme und nicht der Normalfall ist. Experimentelle Wissenschaft, die absichtlich systematisch betrügt, führt sich ad absurdum, es sei denn, dahinter stünde ein starkes Interesse, das aus diesem Betrug ökonomischen, politischen oder sonstigen Gewinn zieht. Weder Reich noch seinen Schülern oder späteren Reichianern kann ein solches, Wissenschaft demoralisierendes und destruierendes Interesse unterstellt werden. Ebenso unwahrscheinlich ist, daß sie sich alle in der gleichen Art und Weise geirrt haben.

Dies schließt allerdings nicht aus, daß auch Cloudbusteroperationen, was den Erfolg ihrer Wirkung betrifft, fehl- oder überinterpretiert wurden. Insgesamt stellt jedoch die Anzahl der in der Literatur berichteten erfolgreichen Cloudbusteroperationen – zumindest wenn man annimmt, daß auch im Reichschen Paradigma nach ähnlichen Redlichkeitsprinzipien gearbeitet wird wie im gängigen naturwissenschaftlichen Paradigma – eine beachtliche Anzahl an empirischen Belegen dar. Das könnte und müßte Naturwissenschaftler des herrschenden Paradigmas eigentlich vor die Frage stellen, welche Konsequenzen es für ihre Arbeit hätte, wenn die im reichianischen Lager gesammelte experimentelle Erfahrung, zumindest auf empirischer Ebene, ansatzweise bestätigt werden könnte. Daß diese Frage nicht gestellt wird, ist nicht ihrem besseren, sondern lediglich ihrem andersartigen Wissen über Natur geschuldet, das heißt dem Grundunterschied zwischen dem orgonomischen Paradigma und dem gegenwärtig etablierten naturwissenschaftlichen Paradigma. Die Ignoranz gegenüber der empirischen Basis der Cloudbusterexperimente beruht nicht auf Besser-Wissen, sondern auf Anders-Wissen. Sie ist damit immanent, also innerhalb der Spielregeln des etablierten naturwissenschaftlichen Paradigmas verständlich. Dies gilt auch dann, wenn sie sich vielleicht historisch als kurzsichtig und engstirnig erweist.

Die Frage nach der empirischen Glaubwürdigkeit der Erfolge des Cloudbustens lassen sich auch aus einer ganz anderen Perspektive stellen. Wetterbeeinflussung und »Regenmachen« ist kein Thema, das erst durch Reich ins gesellschaftliche Bewußtsein gehoben wurde. Sehen wir von den Möglichkeiten ab, Wolken mit Hilfe von Chemikalien zum Abregnen zu bringen, so gibt es mit dem Schamanismus zumindest noch einen weiteren andersartigen Bereich, von dem man weiß, daß er sich mit Regenmachen und der Wetterbeeinflussung beschäftigt.

ANLAGE 14 Probleme und Risiken des Cloudbustens

I. Hinweise von Wilhelm Reich

Seite 155f.

1. Versuche nie, jemandem mit Cloudbusten zu imponieren.

2. Regenmachen und Cloudbusten tut man nicht zum Spaß. Die OR-Hülle, mit der du zu tun hast, wenn du der Atmosphäre Energie entziehst, ist ein energetisches Kontinuum von hoher Potenz. Du könntest einen Wirbelsturm auslösen. Du könntest einen Waldbrand in eine falsche Richtung treiben. Du könntest unbeabsichtigt andere Schäden anrichten. Tue nie etwas, das nicht zwingend notwendig ist. (...)

5. Sorge dafür, daß deine Gerätschaften, dein Fahrzeug usw., insbesondere alle metallischen Teile, in Wasser gut geerdet sind, möglichst in fließendem Wasser. Mangelnde Erdung gefährdet den Organismus.

6. Sorge dafür, daß die Arbeiter sofort mit dem Ziehen aufhören, wenn sie sich im Gesicht bläulich oder violett verfärben oder wenn ihnen schwindlig wird. Wechsle sie aus; sie sollten sich in sicherer Entfernung ausruhen und dabei Gesicht und Arme ständig mit frischem Wasser benetzen.

7. Vermeide es, während des Ziehens Rohre oder andere Metallteile anzufassen. Benutze stets einen isolierten Griff aus Plastik oder Holz, wenn du während des Ziehens mit Geräten hantieren mußt. Achte darauf, daß die Hände stets durch Gummi- oder dicke Baumwollhandschuhe gut isoliert sind.

8. Sorge mit entsprechend aufgestellten Warnschildern dafür, daß niemand schädliche OR-Ladungen abbekommt. Gestatte nicht, daß sich

Zuschauer in unmittelbarer Nähe aufhalten. Es könnten kranke Personen darunter sein, die ihre Gesundheit gefährden.

9. Versuche nie, in den Himmel direkt über dir »ein Loch zu bohren«, es sei denn, du willst lang anhaltende Regenfälle herbeiführen.

10. Wenn du fühlst, daß infolge deines Tuns eine Brise oder Wind aufkommt, stelle das Ziehen ein, sobald der Wind zu stark wird oder sich gar Anzeichen eines Wirbelsturms zeigen.

II. Hinweise von Charles Kelley (1985, S. 71)

Aufgrund meines Versuchsergebnisses möchte ich hinzufügen:

9. Das Baumsterben in der Umgebung des Wetterkontrollgerätes auf dem Westport-Gelände. Bezeichnenderweise waren nur die Bäume, die in der Nähe des Gerätes standen, davon betroffen. Die Schäden wiesen genau die von Reich beschriebenen Merkmale auf. Sie hatten ihren Ausgangspunkt in der Kronenspitze und den Zweigenden der Bäume und breiteten sich wurzelwärts aus.

10. Die starken gesundheitlichen Beeinträchtigungen, die der Umgang mit dem Wetterkontrollgerät zur Folge haben kann. Ich meine damit nicht nur die schon erwähnten Kurzzeit-Effekte, sondern auch die Langzeitwirkungen, wie sie sich in der Form allmählich stärker werdender Beschwerden bei meiner Familie bemerkbar machten, als das Gerät nicht weit von unserem Wohngebäude aufgestellt war. Auch diese Erscheinungen werden bereits von Reich und anderen zu seinem Institut gehörenden Ärzten erwähnt.

ANLAGE 14 *III. Hinweise von James DeMeo* (1989, S. 35)

Jedoch selbst wenn Vorsichtsmaßnahmen ergriffen werden und der Anwender geschickt ist, können Unfälle geschehen. Wenn keine Vorsichtsmaßnahmen ergriffen werden, ist die Situation um so gefährlicher. Zum Beispiel:

1. Verschiedene Mitarbeiter Reichs wurden unbeweglich und schwer krank durch die Feldeffekte, die seinen arbeitenden Cloudbuster umgaben, und während des Oranur-Experiments.

2. Ein Mann aus Kalifornien benutzte einen Cloudbuster und bewegte die Rohre mit seinen bloßen Händen. Er wurde einseitig gelähmt und erholte sich nie wieder vollständig.

3. Ein Anwender des Cloudbusters entwickelte einen walnußgroßen Tumor einen Tag, nachdem er den Cloudbuster angefaßt hatte. Der Tumor wurde durch enorme Anstrengungen, die die Therapie, den Gebrauch des Orgonakkumulators, des DOR-Busters und Entgiftungstechniken beinhalteten, wahrscheinlich eleminiert.

4. Andere Anwender wurden sehr krank, weil sie zu nahe am arbeitenden Cloudbuster gestanden haben, bis hin zu hohem Fieber, Muskelkrämpfen, Übelkeit, Diarrhöe, was Reich DOR-Krankheit nannte; schwere Hautausschläge und Nesselausschläge wurden auch beobachtet.

5. Ein Cloudbuster-Anwender, der seinen Cloudbuster jahrelang mit der Hand betrieben hatte, entwickelte eine schwere Hautsklerose (sclero-derms).

6. Ein medizinischer Orgontherapeut, der eine kleine Version des Cloudbusters (den sog. medical DOR-buster) jahrelang für die Behand-

> lung seiner Patienten benutzt hatte, entwickelte eine degenerative Hauterkrankung an derjenigen Hand, mit der er gewöhnlich das Instrument gehalten hatte. Die Krankheit breitete sich den Arm aufwärts aus bis hin zum Kopf und Auge und war wohl mit eine der Ursachen für seinen Tod einige Jahre später.

ANLAGE 14

Das zeigt sich vor allem in Kulturen, in denen Schamanismus eine Rolle gespielt hat oder heute spielt. Dies gilt für die Indianerkulturen Nord- und Südamerikas und für asiatische Kulturen wie beispielsweise die japanische. Sie alle kennen Berichte von religiösen Zeremonien, durch die Wetterbeeinflussungen bewirkt werden sollten, und über Phänomene, die die Vermutung, daß solch eine Wirkung erzielt wird, empirisch stützen.

Die Verbindung zwischen Cloudbusten und schamanistisch-religiösen Zeremonien zur Wetterbeeinflussung könnte – sofern Orgonenergie oder etwas Ähnliches nicht nur ein Phantasieprodukt Wilhelm Reichs, sondern ein Teil von Realität ist – auf eben dieser energetischen Ebene zu suchen sein. Es ist durchaus vorstellbar, daß Konzentrationen und Strömungen in der Orgon-Energiehülle der Erde auch mittels anderer Techniken als dem Cloudbuster beeinflußt werden könnten.

Schamanistische Praktiken der Wetterbeeinflussung sind für Westeuropäer und vor allem für das etablierte naturwissenschaftliche Paradigma, das ja weder Orgonenergie noch etwas Vergleichbares kennt – zunächst unzugänglich. Da, wo sich zwischen Reich und der gegenwärtigen Naturwissenschaft die Hürde des Paradigmas erhebt, türmt sich zwischen Schamanismus und Naturwissenschaft die Barriere des Weltbildes einschließlich seiner religiösen und energetischen Dimensionen auf. Als Westeuropäer und »naturwissenschaftlich aufgeklärte Menschen« sind wir geneigt und leicht bereit, Regenzauber für faulen Zauber zu halten. Was wäre, wenn wir uns in dieser Ansicht – zumindest partiell – täuschen?

Außerirdische Raumschiffe, DOR-Entstehung und Wüstenbildung

Die in Baustein III (vgl. Seite 69ff.) formulierte Vermutung Reichs, DOR/Melanor würden durch außerirdische Raumschiffe verursacht, geht von der Voraussetzung aus, daß es Raumschiffe gibt. Reich selbst fundiert diese Annahme durch Verweise auf Berichte über die Sichtung von UFOs, die als Raumschiffe eingestuft worden sind, darüber hinaus gibt er an, ebenfalls Raumschiffe gesehen zu haben.

Seite 44

Eine öffentliche Diskussion über das Auftreten von UFOs und insbesondere über die Deutung von UFO-Phänomenen als außerirdische Raumschiffe gibt es nicht erst in unserem Jahrhundert (Hough, Randles, 1994). Sie wird bis heute innerhalb der Natur- und Technikwissenschaften nicht aufgegriffen und ansonsten wenig sachlich geführt. Außerirdische Raumschiffe für eine Realität zu halten, ist in der sogenannten seriösen öffentlichen Meinung tabuisiert; das heißt, wer ernsthaft in Betracht zieht, daß außerirdische Raumschiffe tatsächlich existieren könnten, wird ohne Ansehen seiner Argumente und Person für unzurechnungsfähig gehalten oder der Sensationshascherei verdächtigt. Nach herrschender Auffassung lassen sich UFO-Phänomene entweder als Sinnestäuschung oder durch die Identifikation eines geheimgehaltenen militärischen Objektes erklären; außerirdische Raumschiffe seien Phantasieprodukte.

Diese Meinung wird dadurch gestützt, daß tatsächlich ein Teil der gesichteten UFO-Phänomene auf diese Art und Weise gedeutet werden kann. Ausführliche Untersuchungen zu UFOs werden jedoch im Rahmen gängiger Forschungsprogramme nicht durchgeführt, noch werden da, wo (wie im militärischen Bereich) Untersuchungen gemacht worden sind, die Ergebnisse vorbehaltlos und vollständig veröffentlicht. Die öffentliche, meinungsbildende Diskussion über UFOs findet also auf einer dürftigen, nach wissenschaftlichen Kriterien nicht sauber ausgewerteten Datenbasis und im Umfeld emotional/weltbildhaft geprägter Vorurteile statt. (Aber einmal angenommen, es gäbe tatsächlich außerirdische Raumschiffe und damit Lebewesen in anderen Bereichen des Universums, die im unmittelbaren Kontakt mit der Erde stehen und vielleicht auch viele Dinge besser wissen und können als wir, dann würde dies das herrschende Weltbild der Industrienationen kräftig erschüttern. Insbesondere im Bereich der Naturwissenschaften hätte diese Erschütterung tiefgreifende Folgen. Wir müßten uns eingestehen, daß wir wesentliche Naturzusammenhänge, auf denen beispielsweise das gesamte Antriebssystem dieser Raumschiffe beruht, wissenschaftlich nicht einmal ansatzweise erfaßt haben.)

Dieser »offiziellen« Meinung steht eine Flut von Berichten und Büchern über Raumschiffsichtungen und Kontakte mit Lebewesen aus diesen Raumschiffen gegenüber. Selbst wenn man - sicherlich nicht zu Unrecht - unterstellt, daß ein erheblicher Teil, vielleicht sogar das Gros dieser Literatur darauf zielt, die Sensationslust zu befriedigen, bleiben doch immer noch genügend Berichte, die bedenkenswerte Argumente für die Annahme der Existenz von außerirdischen Raumschiffen zu liefern scheinen. Es gibt umfangreiche Dossiers über UFO-Sichtungen, die von Militärbehörden Frankreichs, den USA, Rußlands oder der Nato angelegt wurden, es gibt Hunderte von wohldokumentierten Berichten, die sich auf Zeugenaussagen von sehr kompetenten Beobachtern mit geschultem Blick - von Radartechnikern der zivilen Luftraumüberwachung, von Piloten der zivilen Luftfahrt sowie von Astronauten (vgl. Anlage 15) - berufen können, und es gibt umfangreiche Dokumentationen von Journalisten und Wissenschaftsautoren, die sich auf solide, oft jahrelang geführte Recherchen stützen. Nach den gängigen Spielregeln empirischer Wissenschaft würden die präsentierten Fakten genügen, daß die Möglichkeit der Existenz außerirdischer Raumschiffe zumindest als eine vorläufige Hypothese plausibel diskutiert werden kann.

ANLAGE 15 UFO-Sichtungen aus Raumschiffen (Quelle: Berlitz u. Moore, 1985, S. 17ff.)

Raumschiff Datum	Besatzung	Zwischenfall mit UFO oder nicht identifiziertem Weltraumobjekt
MERCURY 15.5.1963	Cooper	Über Hawaii wurden auf Sonderfrequenz Stimmen empfangen und auf Band aufgenommen. Sprache später überprüft: Sie gehört keiner bekannten irdischen Sprache an. Beim Überfliegen von Perth, Australien, wurde großes UFO gesichtet, das von Kontrollstation auf der Erde ebenfalls beobachtet werden konnte.
GEMINI 4 3.–7.6.1965	McDivitt, White	Über Hawaii beinahe mit silbernem Zylinder zusammengestoßen, oval mit helleuchtendem Schweif. Fotografiert.
GEMINI 5 2.8.1965	Cooper, Conrad	Silberner, eiförmiger Körper mit grünen Lichtern folgte und flog dann vor der Kapsel. Von hinten gesehen, schien er scheibenförmig.
GEMINI 7 4.12.1965	Bormann, Lovell	Fotoaufnahmen von riesigem UFO mit Rückstoßantrieb, folgte Kapsel.
GEMINI 9 3.6.1966	Stafford, Cerman	Zahlreiche UFOs folgten Kapsel von Start an. Beobachtet von Bodenstation und Besatzung.
GEMINI 10	Young, Collins	Von zwei UFOs verfolgt. Verschwanden, nachdem die Bodenstation um Radarbeobachtung gebeten wurde. Später riesiges Objekt gesichtet, weder Planet noch Planetoid.

ANLAGE 15

GEMINI 11 18.7.1966	Gordon, Conrad	Längliches Objekt über Madagaskar gesichtet. Nach Aussagen der NASA war es Pegasus 3, letzterer war jedoch zur Sichtungszeit 350 Meilen entfernt.
GEMINI 12 11.11.1966	Lovell, Aldrin	Zwei UFOs achthundert Meter von Kapsel gesichtet. Fotografiert während längerer Beobachtung.
APOLLO 8 21.–27.12. 1968	Bormann, Lovell, Anders	Bei Mondumkreisung scheibenförmige UFOs gesichtet. Gemeldet: »Man hat uns mitgeteilt, daß es den Weihnachtsmann wirklich gibt.« Mit Raumfrequenz-Radio Sendung in nicht identifizierbarer Sprache aufgefangen.
APOLLO 10 18.–26.6. 1969	Stafford, Young, Cerman	Zwei UFOs gesichtet. Folgten Kapsel in Mondumlaufbahn und auf Rückflug.
APOLLO 11 20.7.1969 (Mondlandung)	Armstrong, Collins, Aldrin	Vor der ersten Mondlandung schwebten oberhalb der Fähre zwei UFOs und ein länglicher Zylinder. Bei Landung von Apollo 11 innerhalb des Mondkraters erschienen zwei nicht identifizierbare Raumfahrzeuge am Kraterrand und verschwanden wieder. Von Aldrin fotografiert. Fotos von NASA noch nicht zur Veröffentlichung freigegeben.
APOLLO 12 14.–24.11. 1969	Conrad, Gordon, Bean	Observatorien auf der Erde beobachteten, daß die Kapsel in Mondnähe von zwei glänzenden UFOs begleitet wurde. In Erdnähe kurz vor der Landung wurde großes UFO mit roten Lichtern beobachtet.
APOLLO 17 7.–19.12. 1972	Cerman, Evans Schmitt	UFOs in Erdnähe, in Mondnähe und dazwischen gesichtet.

Ernstzunehmende Publikationen zum Thema gibt es genügend. Der Keyhoe-Report über die Sichtungswelle Ende der 40er Jahre (Keyhoe, 1950), auf den sich Reich bei seiner UFO-Hypothese gestützt hat, gehört dazu. In den letzten Jahren haben beispielsweise Ch. Berlitz und W. Moore über den sogenannten Roswell-Zwischenfall 1947 in Mexiko (Berlitz / Moore, 1985) berichtet, J. v. Buttlar über das seit 1952 systematisch gesammelte russische und US-amerikanische Geheimdienstarchivmaterial (Buttlar, 1992), A. Collins mit Rückgriff auf den Reichschen Orgonbegriff über den Zusammenhang von UFO-Lichtphänomenen und Energiefeldern (Collins, 1984); und P. Hough und J. Randles haben eine internationale Bestandsaufnahme (Hough / Randles, 1994) und I. v. Ludwiger einen Bericht über den Stand der wissenschaftlichen UFO-Forschung (v. Ludwiger, 1994) vorgelegt.

Seiten 35, 151

Bedenkt man, welches Gewicht in der öffentlichen Diskussion wissenschaftsjournalistische Arbeiten beispielsweise zu Themen wie Gentechnologie oder Ökologie in den letzten Jahrzehnten gewonnen haben, so ist kaum nachvollziehbar, warum das UFO-Thema nur die Boulevardpresse beschäftigt, von der öffentlichen Meinung, von wissenschaftlichen Institutionen, der Forschung und der Politik aber ignoriert, tabuisiert und als indiskutabler Unsinn abgetan wird.

Wie dem auch sei. Es ist nicht mein Anliegen zu behaupten oder gar nachzuweisen, es gäbe wirklich außerirdische Raumschiffe. Es kommt mir nur darauf an zu zeigen, daß die Vermutung von der Existenz außerirdischer Raumschiffe durch plausible Argumente gestützt werden kann. Sie ungeprüft und uninformiert von der Hand zu weisen, ist sicherlich ebenso unwissenschaftlich wie voreilig.

Jedenfalls erscheint aus heutiger Sicht die Hypothese Reichs, DOR / Melanor wären Folgen des Auftretens von außerirdischen Raumschiffen, zwar in der Sache nicht belegt, aber auch keineswegs als derart unsinnig, daß sie als Argument gegen Reichs wissenschaftliche Seriosität angeführt oder gar als Anzeichen seiner angeblichen Verrücktheit gewertet werden kann.

Die Vermutung Reichs, außerirdische Raumschiffe könnten über die relativ direkte Nutzung von Orgonenergie angetrieben Seiten 47ff. werden, ist im Rahmen seines Paradigmas durchaus nachvollziehbar. Würde Orgonenergie in Antriebskraft umgewandelt, so würde die genutzte Energie, die ein Raumschiff bewegt, Zustandsveränderungen unterworfen sein. Als Folge dieser Veränderungen könnte sich durchaus DOR/Melanor bilden. Sind diese erst einmal in der Atmosphäre, so ließe sich innerhalb des Reichschen Paradigmas die Entstehung von Wettersituationen, die zu Dürre und bei anhaltender Dürre zu Wüstenbildung führen, recht plausibel erklären.

Die Argumentationskette »außerirdisches Raumschiff – DOR/Melanor – Dürre – Wüste« ist innerhalb des Reichschen Paradigmas somit keineswegs abstrus. Sie führt uns lediglich auf die Frage zurück, inwieweit überzeugen die Argumente, die zur Anerkennung des Reichschen Paradigmas führen und die die Existenz von außerirdischen Raumschiffen belegen. Ich habe versucht, deutlich zu machen, daß man beide Argumentationen auch im Wissenschaftsbereich grundsätzlich ernst nehmen kann. Ich will allerdings hier nicht soweit gehen und behaupten, daß man sie zwingend ernst nehmen muß (vgl. Anhang).

Zur Verantwortung des Cloudbusteroperators

Aus ethischer Sicht ist Cloudbusten eine Technologie klassischer Bauart. Sie ist grundsätzlich für jeden verfügbar, unabhängig von seiner Persönlichkeitsstruktur. Mörder und Friedfertige, Egoisten und Altruisten, Christen, Muslime und Atheisten, verantwortungslose und verantwortungsbewußte Menschen können sich ihrer bedienen. Wilhelm Reich ist sich dieses Problems durchaus bewußt gewesen. Dennoch hat er durch Publikationen und durch die Ausbildung von Schülern die generelle Verfügbarkeit von Cloudbustern vorbereitet.

Mit Warnungen weist er auf die Gefahren hin. Er versucht, ganz in der Erfindertradition des 19. Jahrhunderts, den gesellschaftlich verantwortlichen Umgang mit Cloudbustern durch moralische Anforderungen an die Operatoren zu sichern.

Ist wissenschaftliche Öffentlichkeit einmal so hergestellt, wie das beim Cloudbuster bereits heute der Fall ist, so bleibt nur der Appell an das Verantwortungsbewußtsein der Nutzer und die Hoffnung, daß sich letzten Endes die Ausrichtung des Cloudbustens am Gemeinwohl durchsetzt.

Reich wischt die moralische Problematik des Cloudbustens, die sich in gleicher Form für nahezu die gesamte Orgontechnologie abzeichnet, mit einigen banalen Kommentaren vom Tisch.
Seite 76 »Man darf nicht der Versuchung erliegen, mit diesem ›Spielzeug‹ allzu sorglos zu experimentieren. Das Cloudbusten ist eine sehr ernste und höchst verantwortungsvolle Angelegenheit. (...) Das ›Herumspielen‹ mit dem Cloudbuster, um damit seine kosmische Omnipotenz zu demonstrieren, ist nur ein Zeichen von Unverantwortlichkeit, wenn nicht gar von Ignorantentum.«

Auch heutige Nutzer des Cloudbusters scheinen nach wie vor eine ähnliche Haltung einzunehmen. Dies wird für mich an einem Aufsatz von James DeMeo in der Zeitschrift *emotion* sehr deutlich (DeMeo, 1989). Dort wird zum Schutz gegen die destruktive Anwendung des Cloudbusters nicht mehr als der moralische Zeigefinger erhoben und darauf hingewiesen, daß nur emotional gesunde Leute mit dem Gerät umgehen sollten. Doch wer klassifiziert die notwendige soziale emotionale Gesundheit? Bislang nehmen im Umfeld des Reichianismus – ganz in der Tradition von Reich selbst – diejenigen dieses Recht für sich in Anspruch, die sich selbst als brave Schüler des großen Meisters und als gesunde Reichianer fühlen.

Jedoch auf welcher sozialen Grundlage beruht diese Selbsteinschätzung?

Anforderungen an einen Cloudbusteroperator (DeMeo, 1989)

ANLAGE 16

Körper	– tiefe, volle Atmung – entspannte körperliche Haltung – Bioenergie fließt/pulsiert frei
Psyche	– emotionale Beweglichkeit – volle emotionale Ausdrucksfähigkeit – Kontaktfähigkeit – keine Tendenz zu Sadismus oder gewalttätiger Aggression – nicht zaghaft – gesunde, aggressive Suche nach der Erfüllung von eigenen Bedürfnissen – Fähigkeit zu einer warmen, liebevollen Beziehung zum anderen Geschlecht
Wahrnehmungsfähigkeit	– organische Empfindung bioenergetischer Phänomene, die in der Atmosphäre am Werk sind – Unterscheidungsfähigkeit zwischen Stadien atmosphärischer Kontraktion und Expansion – Unterscheidungsfähigkeit zwischen hoher und niedriger Ladung – Unterscheidungsfähigkeit zwischen atmosphärischer Stagnation und Erregung – Erkennen atmosphärischen Funkelns und Glänzens – Erkennen pulsierender Orgoneinheiten – Fähigkeit zur Entdeckung jeder Spur von emotionaler Pest an sich selbst – Fähigkeit zur Entdeckung von Kontaktlosigkeit an sich selbst
Moral	– spontaner Respekt vor der Natur und ihren Geschöpfen – Fähigkeit, sich selbst von der Arbeit mit dem Cloudbuster zurückzuziehen, wenn Anzeichen von bioenergetischen Störungen, von emotionaler Pest oder von Kontaktlosigkeit auftreten

Zwischenfazit

Fassen wir das bisher Gesagte zusammen, so ergibt sich folgendes: Reichs Argumentation in *OROP Wüste* läßt sich in drei Komponenten erfassen. Diese sind (1) das Paradigma der Orgontheorie, das die Existenz einer universellen materie- und lebentragenden Energie behauptet. Ferner (2) die Darstellung des Cloudbustens als Technik der Wetterbeeinflussung, wobei es sehr rezeptmäßig technokratisch, aber damit auch experimentell für jedermann zugänglich beschrieben wird, sowie (3) die Hypothese, daß DOR/Melanor – die, sofern sie in der Atmosphäre intensiv auftreten, Dürre und sogar Wüstenbildung verursachen – durch außerirdische Raumschiffe freigesetzt werden.

Für jede dieser Komponenten lassen sich, wenn auch auf unterschiedliche Art und Weise, empirische Argumente ins Feld führen, die nach gängigen wissenschaftlichen Kriterien (z.B. des kritischen Rationalismus) eine von Vorurteilen unbelastete Beschäftigung im Rahmen unseres wissenschaftlichen Systems mit ihnen ermöglichen, ja, geradezu erfordern müßten. Sie tun dies offensichtlich nicht. Dies liegt vor allem daran, das zwischen der Reichschen Orgonomie und der herrschenden naturwissenschaftlichen Weltauffassung die hohen Schutzmauern wissenschaftlicher Paradigmen stehen. Sie zu übersteigen ist nicht nur sehr schwierig, sondern für die Verteidiger der jeweils selbstgeschaffenen Bastionen auch höchst anrüchig.

Ein Urteil über die Reichschen Aussagen in *OROP Wüste* läßt sich wegen der Paradigmendifferenz gar nicht fällen, wenn man sich nicht zumindest zeitweise auf die Spielregeln des orgonomischen Paradigmas einläßt. Man müßte ja überprüfen, ob von Reichs Versuchsanordnungen des Cloudbustens Effekte bewirkt werden, die seinen Voraussagen entsprechen und die im gängigen naturwissenschaftlichen Paradigma nicht erwartet werden.

Je weniger man über Reichs Orgontheorie und ihre praktische Nutzbarkeit weiß, um so leichter fällt es, ihn für einen Phantasten oder Spinner zu halten. Je mehr man sich damit beschäftigt, um so deutlicher zeigt sich, daß das von ihm entworfene Paradigma in sich recht konsistent ist und daß eine Stellungnahme zu Reich letztendlich auf eine Paradigmenentscheidung hinausläuft. Diese Entscheidung bedeutet allerdings nicht, daß man sich für eines der beiden Paradigmen in ihrer heutigen Form entscheiden muß. Es könnte vielmehr die Frage anstehen, ob sich in Zukunft nicht ein Paradigma herausbilden wird, in welchem sowohl die Sicht Reichs als auch viele Erkenntnisse unserer heutigen Naturwissenschaft gemeinsam, das heißt integrativ, Platz hätten.

In ein solches zukünftiges naturwissenschaftliches Paradigma würden wahrscheinlich auch weitere Erkenntnisströme einmünden, die bislang einen eigenen paradigmatischen Rahmen besitzen. Dazu könnte unter anderem die Anthroposophie Rudolf Steiners gehören, die Implusionslehre Viktor Schaubergers oder auch Elemente des biologischen Vitalismus / Holismus des 20. Jahrhunderts (vgl. Bechmann, 1995).

Cloudbusten heute: Einstieg in eine Großtechnologie?

Die Faszination und die intellektuelle Anziehungskraft des Reichschen Paradigmas der Orgontheorie liegt – zumindest auf formaler Ebene – darin, daß sein Objektbereich über den des heutigen naturwissenschaftlichen Paradigmas hinausgeht und daß es sehr faszinierende Angebote für ein Verständnis vom Zusammenhang der Welt anbietet. Wäre Orgonenergie im Reichschen Sinne tatsächlich eine unmittelbare empirische Realität – und dies ist keineswegs auszuschließen –, so ergäben sich im guten und im schlechten neuartige Möglichkeiten menschlichen Handelns. Im guten bietet Cloudbusten weitreichende Chancen, klimatische Situationen lebensfördernd zu beeinflussen und uns bedrohenden Sterbeprozessen entgegenzuwirken.

Ist Cloudbusten tatsächlich eine technische Möglichkeit, die Orgonenergiehülle der Erde intensiv zu beeinflussen und damit auf Wetter und Klima gestaltend einzuwirken, so steht sie auf einer Ebene mit der modernen Chemie, der Atomkraft und der Gentechnologie hinsichtlich der Massivität und Globalität ihrer Wirkungen. Ich kann an dieser Stelle und mit meinem bisherigen Wissen den Komplex von Möglichkeiten des kausalen Zusammenspiels und eventueller Folgewirkungen menschlicher Handlungen in bezug auf die technische Nutzung der Orgonenergie nicht überschauen. Dennoch will ich zumindest auch einige Überlegungen im Hinblick auf mögliche unerwünschte und schädliche Folgewirkungen des Cloudbustens ansprechen. Dazu muß und werde ich mich in den Rahmen des Reichschen Paradigmas stellen und in seinem Erkenntnisgefüge argumentieren. Das heißt, ich stelle mich während der folgenden Betrachtungen auf den Boden der Reichschen naturwissenschaftlichen Weltsicht, um so einige ihrer möglichen Konsequenzen aufzuzeigen.

Zum möglichen Nutzen des Cloudbustens

Die lebensfördernden Möglichkeiten, die der Cloudbuster zur Wetterbeeinflussung bietet, sind beträchtlich. Prinzipiell können mit ihm unangenehme oder gar unerträgliche DOR-Situationen beseitigt werden. Der Dürre und Wüstenbildung läßt sich entgegenwirken. Regen kann herbeigezogen oder verhindert werden. Nebelbänke oder Inversionslagen lassen sich auflösen, dem Sommersmog und der mit ihm verbundenen Ozonbelastung kann entgegengewirkt werden. Insgesamt eröffnet die Nutzung des Cloudbusters Möglichkeiten der Wetterbeeinflussung, die uns heute als gewaltig erscheinen. In einer Zeit des zunehmenden »Klimachaos« könnte der Cloudbuster Wetter »stabilisieren« und Landschaften revitalisieren. Die wichtigste positive Wirkung des Cloudbustens liegt vielleicht darin, daß dadurch der Blick der Wissenschaft – wenn nicht heute, so doch morgen – über die selbstgesetzten Grenzen einer materialistischen Betrachtung der Welt hinaus erzwungen wird. Hat Cloudbusten erkennbare Wirkungen auf das Wetter, so ist die ökologische Klimadebatte völlig neu zu führen und Klimaschutzpolitik wäre von Grund auf zu verändern. Dies würde sich schließlich auf die gesamte Umwelt- und Technologiepolitik unserer Gesellschaft auswirken und vieles, was wir heute tun, fundamental in Frage stellen. Aus dieser Sicht kann der Cloudbuster, wenn er regional und global abgestimmt sowie angemessen dosiert eingesetzt wird, sehr nutzbringend für Natur und Mensch sein. Wird keine regionale und überregionale Koordination erreicht, so kann »wildes« Cloudbusten Seite 70
jedoch auch sehr schnell zu weiterem Wetterchaos führen.

Reich beschreibt in *OROP Wüste* die positiven Möglichkeiten des Cloudbustens ausführlich. (Anlage 13 nennt ja nicht nur Gefahren, sondern vor allem auch die umfangreichen lebensfördernden Möglichkeiten des Cloudbustens stichwortartig.)

Seiten 62–76, 133 f.

Schädliche Wirkungen oder Nebenwirkungen des Cloudbustens

Reich selbst nennt Gefahren, die durch Cloudbusten für denjenigen, der den Cloudbuster handhabt, oder für die Wettersituation insgesamt entstehen können.

Reich spricht davon, daß der Cloudbusteroperator aufgrund eigener emotionaler Blockierung die energetische Wettersituation möglicherweise unangemessen erfaßt. Dies hätte zur Folge, daß die von ihm in Gang gesetzten Maßnahmen der wirklichen energetischen Situation nicht gerecht werden. Ferner kann Cloudbusten bei demjenigen, der es durchführt, einen Machtrausch auslösen, der den Umgang mit dem Cloudbuster beeinflußt oder gar steuert. Die richtige Dosierung des Einsatzes des Cloudbusters ist nur schwer einzuschätzen, da eine Vielzahl von Faktoren für eine erfolgreiche Operation zu berücksichtigen ist. Hinzu kommt, daß die Wirkungsgesetzmäßigkeiten des Cloudbusters zwar grob, aber längst nicht im Detail erforscht sind.

Seiten 89 f., 125 f.

Reich weist außerdem darauf hin, daß der Cloudbuster, wenn er DOR-Energie anzieht, sich mit ihr auch auflädt und somit eine unmittelbare energetische Wirkung auf alles hat, was sich in seiner Umgebung befindet. Dies gilt auch für die an den jeweiligen Operationen beteiligten Menschen, insbesondere wenn sie dem Cloudbuster körperlich sehr nahe kommen oder ihn gar berühren (vgl. Anlage 17). Auch können fehldosierte Operationen Unwetter auslösen, und die Reichweite eines Cloudbusters kann sich über große Entfernungen erstrecken. Reich spricht von bis zu 1000 Kilometern. Bedenkt man, daß Reich nach Abfassung des Berichts *OROP Wüste* weitere Experimente durch-

Seiten 155 ff.
Seite 113

Symptome der DOR-Krankheit

ANLAGE 17

Seiten 32ff.

Gesamtbefinden

- allgemeine Mattigkeit und Trübsal
- in manchen Fällen wird Mattigkeit von Haßausbrüchen unterbrochen und verdrängt

vor allem körperlich

- Übelkeit folgt in der Regel längeren Phasen der Mattigkeit, sie kann sich häufig bis zum Erbrechen steigern
- ein Druckgefühl in Kopf, Armen und Beinen tritt häufig auf
- man atmet schwer
- man bekommt regelmäßig Durst unter Bedingungen, die eine DOR-Atmosphäre fördern, z.B. Neonröhren, Armbanduhren mit Leuchtziffern, Röntgengeräte etc.
- Hitzewallungen wechseln mit Phasen unterkühlten Aussehens
- das Gesicht färbt sich bläulich bis blutrot, die Betroffenen klagen darüber, daß etwas mit der Luft nicht stimme
- Herzversagen kann auftreten, wenn über einen längeren Zeitraum mit Nebel oder Nieselregen die Versorgung mit frischem Sauerstoff und OR behindert wird
- Tachycardie kann auftreten
- Durchfall mit wässrigem, schwarzem oder grauem Stuhl
- Frösteln und fibrilläres Zittern von Muskelgruppen, die das Herz belasten können
- Hepatitissyndrome können auftreten
- Drüsen können anschwellen

vor allem psychisch

- mit der Niedergeschlagenheit geht häufig ein Gefühl einher, daß es an Sauerstoff mangelt
- emotionale Stumpfheit
- Verlust von Antrieb
- Abstumpfung des Blickes
- Ausdruck der Verzweiflung im Gesicht, was dem Betroffenen nicht bewußt sein muß

führte, in denen er die Wirkungsintensität seines Cloudbusters steigerte, so wird deutlich, wie intensiv und umfassend mit Hilfe von Cloudbusteroperationen in Klima und Wetter eingegriffen werden kann.

Dies alles können schädliche Folgewirkungen von mit den besten Absichten – und in vielerlei Hinsicht erfolgreich – durchgeführten Cloudbusteroperationen sein. (Sofern man den in der Anlage 13 aufgeführten Quellen Glauben schenken darf, sind sie alle auch schon eingetreten.) Was wäre jedoch, wenn jemand diese Technik bewußt für destruktive Zwecke einsetzen würde? Wilhelm Reich geht auf diese Möglichkeit kaum ein. Auch sie muß jedoch im Rahmen seines Paradigmas in Betracht gezogen werden.

Stellt man sich auf die Grundlage der Reichschen Weltsicht, so müssen gerade aufgrund der bisherigen Erfahrungen mit moderner Chemie, Atomkraft und Gentechnik manche Fragen wesentlich deutlicher gestellt und intensiver diskutiert werden, als dies bisher im reichianischen Kontext geschehen ist. Zu fragen wäre (1) nach dem »Zulassungsverfahren« für den Bau und die Nutzung eines Cloudbusters, (2) nach einer angemessenen Folgenabschätzung für die Nutzung eines Cloudbusters, (3) nach den moralisch-ethischen Anforderungen und Regeln, unter denen der Umgang mit Cloudbustern akzeptabel ist, sowie (4) nach den sozialen und rechtlichen Regelungen für die Zulässigkeit von Klimabeeinflussungen durch orgonenergetische Instrumente oder Mittel.

Diese Fragen haben bereits für die Gegenwart einen praktischen Hintergrund. Cloudbusteroperationen wurden nicht nur zu Zeiten Reichs durchgeführt, sondern sie werden auch heute an verschiedenen Orten praktiziert. Selbst in Europa und Afrika finden Cloudbusteroperationen statt (vgl. Anlage 13).

Durch die Veröffentlichung der Schriften Reichs kann das Wissen über Cloudbusten nicht länger kontrolliert und verantwortungsbewußt von »Eingeweihten« genutzt und weitergegeben werden. Es ist öffentlich und damit prinzipiell jedem zugänglich. Solange der Zeitgeist der Orgonomie so hart ins Gesicht wehte, wie das bis Ende der achtziger Jahre der Fall war, war die Gefahr eines beabsichtigten oder ungewollten Schadens durch Cloudbusteroperationen vielleicht noch vergleichsweise gering.

Mit Beginn der neunziger Jahre scheint sich ein Wandel des Zeitgeistes, insbesondere im Hinblick auf seine naturwissenschaftlichen Glaubenssätze, anzubahnen. Im Lebensalltag unserer Gesellschaft gewinnen Praktiken und Handlungsweisen, die im etablierten naturwissenschaftlichen Paradigma keinen Platz haben, immer mehr an Bedeutung. Dies gilt für Methoden der sogenannten alternativen Medizin, für lebensenergetisch konzipierte Psychotherapien und für nicht konventionell erklärbare, aber wirksame Mittel zur Eindämmung von Fäulnisprozessen in Flüssigkeiten oder zur Reinigung von Wasser (Plocher-Energiesystem) und vieles mehr. Die sich anbahnende Renaissance der naturwissenschaftlichen Komponente der Reichschen Orgonomie (unter anderem zeigt sich das auch mit der deutschen Neuausgabe der Spätschriften Wilhelm Reichs) ist für mich ein weiterer Indikator für Wandlungsprozesse im Zeitgeist.

Man könnte natürlich die Auffassung vertreten, daß ja bislang mit Cloudbusten offenbar kein größeres Unheil geschehen ist, da diejenigen, die die Geräte nutzten, versuchten, ihrer subjektiv durchaus empfundenen Verantwortung gerecht zu werden.

Reich selbst hat für sich in Anspruch genommen, sowohl genü- **Seite 90**
gend Sensibilität für orgonenergetische Situationen zu besitzen als auch moralisch gefestigt und verantwortungsvoll genug zu sein, um den Cloudbuster zum Wohle und nicht zum Schaden der Menschen einzusetzen. Indem er seine Erkenntnisse über den Cloudbuster publiziert hat, hat er sich der Möglichkeit enthalten, sein Wissen zu verschweigen oder es nur solchen Personen zugänglich zu machen, die aus seiner Sicht die notwendi-

gen persönlichen Voraussetzungen für einen unschädlichen und verantwortungsbewußten Einsatz des Cloudbusters mitbringen (klassischer Weg der Weitergabe von Geheimwissen).

Heute befinden wir uns in einer Situation, in der immer mehr Menschen das Vorkommen der Orgonenergie im Reichschen Sinne für möglich und damit das Reichsche Paradigma der Orgonenergie für potentiell sinnvoll halten können. Heute kann man die von Reich aufgezeigten und publizierten Möglichkeiten des Arbeitens oder auch nur des Hantierens mit orgonenergetischen Instrumenten sehr weitreichend, sehr tiefgreifend und sehr umfassend lebensbeeinflussend praktizieren. Auch kann das experimentelle Wissen der Orgonomie mittlerweile selbst von demjenigen angeeignet werden, der den theoretischen Zusammenhang nicht durchschaut oder der sich, sei es bewußt oder unbewußt, der individuellen moralischen Anforderung, die jede praktische Beschäftigung mit Orgonenergie einschließt, entzieht.

Wenn sich die naturwissenschaftlichen Ansichten Reichs weiter verbreiten und wenn sie Realitätsbezug haben, so sollte mit der Orgonomie nicht das gleiche geschehen, wie es bei der Atomenergie der Fall war. Keine Technik sollte entwickelt werden, wenn nicht die Folgen diskutiert sind und der Umgang mit dieser Technologie gesellschaftlich sinnvoll geregelt ist.

Es ist nicht zu erwarten, daß die Orgontechnik in den nächsten Jahren durch die Kernforschungsanstalten, die Max-Planck-Gesellschaft oder die Fraunhofer-Institute erforscht wird. Dafür erscheint mir der notwendige Paradigmensprung, der diese Organisationen sehr hart durchrütteln würde, zu groß. Ich halte es aber für wahrscheinlich, daß sich die Tendenz fortsetzt, die bereits zu beobachten ist: Reichianisch überzeugte Hobbybastler oder auch einzelne Wissenschaftler experimentieren mit solchen Geräten. Aufgrund der hohen Wirksamkeit orgonenergetischer Geräte werden dabei gewollt oder ungewollt Wirkungen auf unbeteiligte Menschen, Tiere oder Pflanzen ausgehen. Ein Teil dieser Wirkungen mag auf Unachtsamkeiten, auf

Fahrlässigkeiten oder auf eine zu hohe Risikobereitschaft zurückzuführen sein, ein anderer Teil dürfte dem insgesamt sehr unvollständigen und bei den Einzelpersonen in der Regel auch nicht als Gesamtüberblick vorhandenen Wissen zur Orgonomie geschuldet werden.

Es ist mir bewußt, daß Situationen wie diese ohne eine Weiterentwicklung unserer individuellen und gesellschaftlichen Moral gegenüber Eingriffen in Natur- und Lebensprozesse letztendlich nicht zu lösen sind. Dennoch möchte ich im folgenden Abschnitt einige Vorschläge zur Diskussion stellen. Sie wenden sich in erster Linie an alle diejenigen, die sich heute mit dem Gedankengut Reichs beschäftigen, in seinem Paradigma denken oder mit orgonenergetischen Instrumenten bzw. Verfahren zu praktizieren beginnen.

Impact-Assessment und Risikomanagement

Hinsichtlich des Cloudbustens nimmt Reich den klassischen, zu Ende unseres Jahrhunderts aber nicht mehr akzeptablen Standpunkt des gutwilligen Ingenieurs ein. Er weist auf die Vorteile dieser Technik hin, verschweigt ihre Gefahren nicht, soweit er sie kennt, und fordert, daß nur der, der in der Lage ist, diese Technik verantwortungsbewußt zu nutzen, über sie verfügen sollte. Diese Haltung hat sich in der Vergangenheit weder für die chemische Industrie noch für die Atomtechnik oder gar für die Gentechnologie bewährt. Immer dann, wenn sich egoistische, machtpolitische, ökonomische oder sonstige Rücksichten beiseiteschiebende Interessen einmischten, sind diese technologischen Möglichkeiten risikobetont oder bewußt destruktiv genutzt worden. Dies gilt nicht nur für den militärischen Bereich, sondern ebenso für zivile Bereiche wie Energieerzeugung, Transportsysteme, Landwirtschaft, Ernährungsindustrien und vieles mehr.

Strohhalme, an die sich Versuche klammerten, mißbräuchliche und gesellschaftlich gefährliche Entwicklungen, wenn nicht aufzuhalten, so doch wenigstens zu erschweren oder einzudämmen, sind (1) der Appell an das Gewissen derjenigen Menschen, die sich mit der jeweiligen Technologie befassen, (2) die Veröffentlichung des vorhandenen Wissens über diese Technologien, (3) die Durchführung von Folgeabschätzungen im Hinblick auf Technologien oder einzelne Eingriffe im Sinne von Technologiefolgeabschätzungen, Sozialverträglichkeits- und Umweltverträglichkeitsprüfungen (vgl. die Anlagen 19, 20), (4) die Formulierung von Selbstbinderegeln für alle, die mit der Nutzung der jeweiligen Technologie befaßt sind (Beispiel: Atomwaffensperrvertrag), und (5) die Schaffung eines rechtlichen Rahmens, der die Erforschung und Nutzung der jeweiligen Technologie entsprechend der ihr speziell innewohnenden Gefahren regelt (Zulassungsverfahren, vgl. Anlage 18).

Ein wichtiger Weg, aber eben nur einer, der zu einem verantwortungsbewußten Umgang mit Natur, Technik und Leben führt, ist der der persönlichen Entwicklung zu Verantwortungsbewußtsein und zu einer lebenunterstützenden Grundhaltung des einzelnen. Dieser Weg kann im Gegensatz zu den oben aufgezeigten Möglichkeiten nicht gesellschaftlich erzwungen werden. Ihn zu beschreiten, steht in der freien Entscheidung des einzelnen.

In der gegenwärtigen Situation erscheint es mir geboten, zumindest das, was gemeinsam angehbar ist, zu versuchen. Gemeinsam meint hier: im Bereich derjenigen, die sich mit reichianischer Thematik befassen. In dieser nicht formal, wohl aber über die Erkenntnisthematik abgrenzbaren Gruppierung sollte sich möglichst bald ein Grundkonsens darüber herausbilden, daß Wissen über Wirkungsweisen der Orgonenergie nach den üblichen Regeln wissenschaftlichen Arbeitens gewonnen und publiziert werden sollte und daß

– vor dem Hintergrund des Reichschen Paradigmas der Orgon-

Schritte der Zulassung von risikoträchtigen Technologien nach deutschem Recht

ANLAGE 18

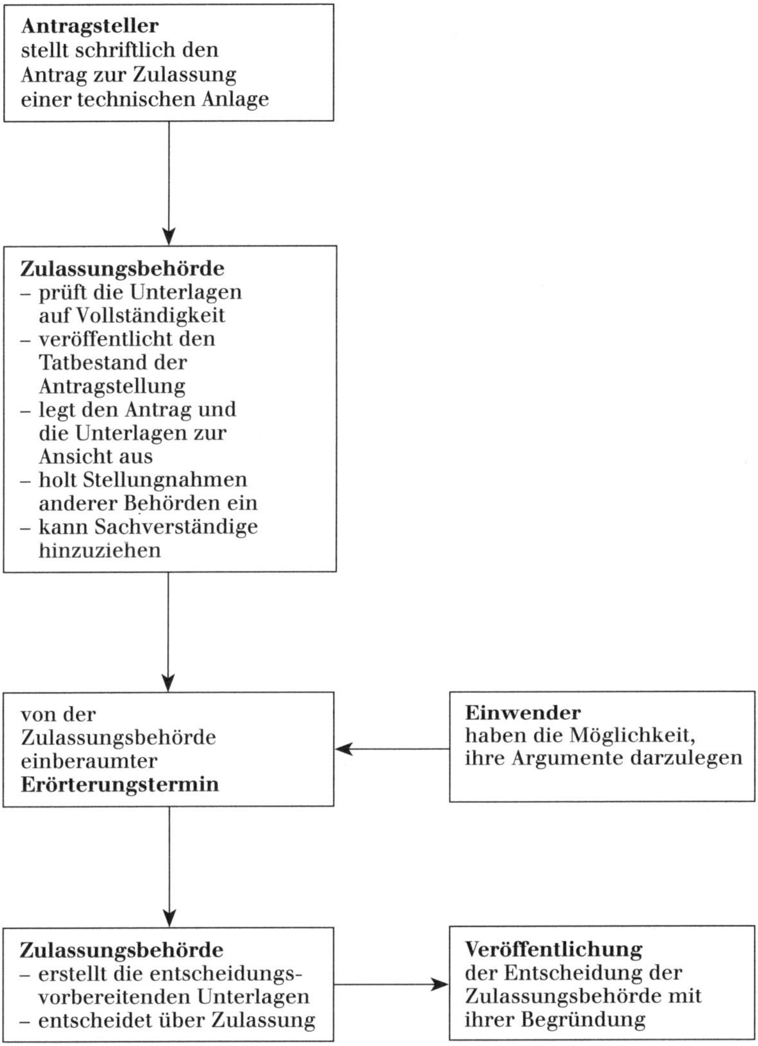

ANLAGE 19 Beispiele für Kriterien zur Technologiebewertung

Perspektive	Oberkriterium	Unterkriterium
Nutzen	sozial	
	volkswirtschaftlich	
	ökologisch	
	Funktionssicherheit	Zuverlässigkeit der Zielerreichung technische Funktionssicherheit Fehlerfreundlichkeit
Gefahren und Risiken	für die Gesellschaft	Gefahren für soziale Beziehungen Gefahren für die Demokratie Auswirkungen auf die Arbeitswelt
	für den einzelnen	Gesundheitsgefährdung Eingriffe in Persönlichkeitsrechte Verlust an Lebensorientierung
	für die Umwelt	akute Umweltbelastungen schleichende Umweltbelastungen Übernutzung von Ressourcen Unfallrisiken
ökologische Nachhaltigkeit	Einfluß auf die Zukunft	
	Entwicklungsoffenheit	
	Reversibilität	

Berufsständische Deklarationen zur Technikbewertung (Auswahl)

ANLAGE 20

Jahr	Träger	Deklaration
1914	American Society of Civil Engineers USA	*Ethikkodex* Allgemeiner Ehrenkodex zur Regelung beruflicher Verpflichtungen und Standesschutzregeln
1947	Council for Professional Development USA	*Canons of Ethics for Engineers* Verankerung von Orientierungswerten wie beispielsweise »Sicherheit, Gesundheit und Wohlfahrt der Öffentlichkeit« für Ingenieurshandeln
1950	Verein Deutscher Ingenieure BRD	*Bekenntnis des Ingenieurs* Deklaration zu der Verantwortung des Ingenieurs gegenüber Mitmenschen und Gesellschaft
1974	Konferenz von Wissenschaftlern vieler Nationen Haifa	*Karmel – Deklaration über Technik und moralische Verantwortung* Umfassendes Bekenntnis von Wissenschaft und Technik zu einem verantwortungsvollen und gesellschaftlich transparenten Umgang mit Welt
1980	Verein Deutscher Ingenieure BRD	*Zukünftige Aufgaben* Selbstverpflichtung zur Herausbildung sachverständiger Verantwortungsträger, die langfristige Entwicklungen und Gefahrenpotentiale von Technik für die Gesellschaft abschätzen können. Bekenntnis zur hohen Bedeutung der Technologiefolgenabschätzung und Technikbewertung

ANLAGE 20	1990	National Society of Professional Engineers	*Ethikkodex für Ingenieure* Katalog differenzierter Standesregeln und Verantwortlichkeiten für Ingenieure
	1991	Verein Deutscher Ingenieure BRD	*Richtlinie VDI 3780 – Technikbewertung* Richtlinie zur Technikbewertung aus den Wertperspektiven Funktionsfähigkeit, Wirtschaftlichkeit, Wohlstand, Sicherheit, Gesundheit, Umweltqualität, Persönlichkeitsentfaltung und Gesellschaftsqualität sowie der Beziehungen zwischen diesen Werten

theorie Folgeabschätzungen für den Umgang mit orgonenergetischen Gerätschaften oder Verfahren durchzuführen sind,
- Operationen wie das Cloudbusten, die grundsätzlich Einfluß auf die Lebensbedingungen Dritter haben, nicht geheim, sondern unter transparenter, sozialer Kontrolle zu konzipieren und zu betreiben sind,
- im Rahmen der Wilhelm-Reich-Gesellschaft, einer geeigneten, bereits bestehenden oder einer neu zu bildenden Organisation Regeln der Selbstbindung aller im orgonenergetischen Bereich Arbeitenden entwickelt werden sollten,
- im Rahmen einer »Selbstkontrolle« alle »orgonenergetischen« Geräte, welche produziert und verkauft werden, ein Zulassungsverfahren zu durchlaufen haben.

Diese Vorschläge bringen zwar grundsätzlich nichts Neues, stellen aber den gesellschaftlichen Umgang mit der Orgonenergie dem mit der Atomenergie, der Chemie, der Elektrotechnik oder auch der Gentechnologie gleich.

Mehr ist derzeit vermutlich nicht erreichbar; aber weniger dürfte es, gemessen am heutigen Stand der Diskussion über das Verhältnis von Gesellschaft, Natur und Technik, auch nicht sein.

Wer das Reichsche Paradigma der Orgonenergie ernst nimmt, ist aufgerufen, den Umgang mit orgonenergetischem Wissen und orgonenergetischen Techniken über das von Reich praktizierte Niveau auf den heute gesellschaftlich gängigen Status anzuheben.

Cloudbusten, Orgonomie und Ethik

Ist der Cloudbuster wirksam, so wirkt er nicht nur auf Wetter, sondern auch auf Landschaft, Pflanze, Tier und Mensch. Seine Anwendung bedeutet einen Eingriff in Bereiche, die wir heute mehr oder weniger effektiv durch Gesetze schützen, so etwa die Freiheit und Unversehrtheit des Menschen durch das Grundgesetz sowie seine Gesundheit durch die Gesundheitsgesetzgebung. Das Naturschutzgesetz richtet sich auf Pflanzen, Tiere, Ökosysteme, Landschaft und den Naturhaushalt insgesamt. Durch die Tierschutzgesetzgebung sollen der artgerechte Lebensraum und, soweit möglich, die Würde von Tieren geschützt werden. Das Gesetz über die Umweltverträglichkeitsprüfung erfaßt Umwelt insgesamt. Alle diese Gesetze regeln nicht nur den gesellschaftlichen Umgang mit den betroffenen Systemen, sondern sie repräsentieren Werthaltung unserer Gesellschaft gegenüber Natur, Umwelt und Leben. Sie sollen die betroffenen Bereiche vor Eingriffen Dritter wirksam bewahren. Es soll nicht der Gutwilligkeit einzelner anheim gestellt werden, wie sie Technologien nutzen oder mit den oben genannten »Schutzgütern« umgehen. Über die bereits in Gesetzen fixierten Werte hinaus hat sich in den vergangenen zwei Jahrzehnten aus der Erfahrung der Umweltkrise die sogenannte Ökoethik gebildet. Sie zielt darauf ab, Leitorientierungen im Umgang mit Natur, Mensch und Technik zu formulieren, die über das heute gesetzlich Erzwingbare hinausreichen (vgl. Anlage 21). Werte dieser Art sind beispielsweise Nachhaltigkeit, Fehlerfreundlichkeit,

Reversibilität, die Anerkennung von Pflanzen und Tieren als Mitwelt und anderes mehr.

Die von Reich praktizierte und auch heute noch so betriebene Nutzung von Cloudbustern widerspricht all diesen in unserer Gesellschaft inzwischen mehr und mehr verankerten Normen und Werthaltungen. Allein schon aus dieser Perspektive ist ein Umgang mit Cloudbustern, bei dem lediglich der entscheidet, der über die Technologie des Cloudbusters verfügt und sie anwenden will, gesellschaftlich nicht akzeptabel. Ja, er muß sogar vom ethischen Standpunkt als anachronistisch angesehen werden. Dies gilt um so mehr, als der Cloudbuster insbesondere beim Menschen nicht nur physisch in seine Gesundheit eingreift, sondern zugleich auch über die Beeinflussung des körpereigenen Orgonhaushalts, der die Gefühlswelt und das Seelische prägt, wirksam wird. Mit anderen Worten, der Cloudbuster wirkt nach der Darstellung Reichs auf den Menschen physisch und psychisch zugleich. Nach den geltenden Normen unserer Gesellschaft darf kein Mensch ohne seine Zustimmung einer derart tiefgreifenden Einflußnahme durch Dritte ausgesetzt werden.

Ich bin mir durchaus bewußt, wie kompliziert und schwierig es werden kann, den Umgang mit Orgonomie und insbesondere mit dem Cloudbuster aufgrund bestehender Normen zu beurteilen. Soll der Cloudbuster tatsächlich eingesetzt werden, so erscheint es notwendig, eine Diskussion um die ethischen Bedingungen seiner Nutzung zu führen. Diese Diskussion oder auch den derzeitigen Stand der ethischen Normenbildung zu Eingriffen in Natur und Leben einfach zu ignorieren und zu unterlaufen, halte ich für nicht akzeptabel.

Die große Schwierigkeit, die durch das Cloudbusten notwendig gewordene Wertediskussion zu führen, liegt darin, daß im reichianischen Lager für sie offensichtlich bislang kein angemessenes Bewußtsein zu erkennen ist. Hier herrscht noch die Pionierphilosophie des 19. Jahrhunderts vor. Im naturwissen-

Deutsche gesetzliche Regelungen auf Bundesebene, die grundsätzlich auf das Cloudbusten anwendbar sind (Auswahl, vgl. Storm, 1994)

ANLAGE 21

1949	*Grundgesetz*	Schützt Selbstbestimmung und körperliche Unversehrtheit des Menschen, erklärt Umweltschutz zur gesellschaftlichen Aufgabe
1956	*Wasserhaushaltsgesetz*	Untersagt die ungeregelte Verunreinigung von Gewässern
1974	*Bundesimmissionsschutzgesetz*	Stellt die Nutzung von emittierenden Geräten unter Zulassungszwang (hierzu zählen auch Strahlungen emittierende Anlagen)
1976	*Bundesnaturschutzgesetz*	Untersagt Eingriffe in den Naturhaushalt, die dessen Funktionsfähigkeit oder Leistungsfähigkeit beeinträchtigen können
1990	*Gesetz zur Einführung der Umweltverträglichkeitsprüfung*	Regelt das Erfordernis, daß für umweltrelevante Vorhaben frühzeitig im Zulasssungsverfahren Umweltfolgen erfaßt und bewertet werden. Das Ergebnis dieser Bewertung ist in die Entscheidung mit einzubeziehen
1990	*Umwelthaftungsgesetz*	Regelt die Haftung des Verursachers von Umweltschäden auch für den Fall legal ausgelöster Umweltbelastungen

schaftlich konventionellen Lager – und damit im breiten Durchschnitt unserer Gesellschaft – wird für diese Diskussion ebenfalls kein Bedarf gesehen, da der Cloudbuster ignoriert und, sofern er wahrgenommen wird, als unwirksame Technologie eingeschätzt wird.

Sollte diese Einschätzung in der Sache falsch sein, und vieles spricht dafür, so zeigt sich, daß Grenzen des herrschenden Paradigmas nicht nur möglichen Fortschritt blockieren, sondern aufgrund der ihnen immanenten Blindheit für Andersartiges ein Gefährdungspotential für unsere Gesellschaft darstellen. Dieses Gefährdungspotential wächst, wenn auf der praktischen Ebene Orgonomie an Bedeutung gewinnt, ohne daß dies von dem unserer Gesellschft und ihre Praxis im Umgang mit Welt bestimmenden Wissenschaftssystem wahrgenommen wird.

Was tun mit OROP Wüste?

Wilhelm Reich führt uns – auch auf dem Weg einer zur Orgonomie erweiterten Naturwissenschaft – zurück in das Dilemma der Moderne. Goethe hat es bereits im Zauberlehrling treffend beschrieben. Die Nutzung der Orgonenergie kann – selbst bei bestem Willen des Nutzers – erhebliche schädliche Folgen nach sich ziehen oder gar Katastrophen auslösen. Der Zauberlehrling, der den Besen in Gang setzt, ist noch lange kein erfahrener Zaubermeister, der den Besen auch beherrscht. Und der Besen folgt seinen eigenen Gesetzen.

Wilhelm Reich steht noch ganz in der Tradition der Erfinder und Entdecker vergangener Zeiten. Ihr Verhältnis zur Welt war technokratisch und zweckgerichtet. Handlungen wurden in erster Linie an ihren Zwecken und nicht an ihren möglichen Folgen gemessen. Dies galt auch dann, wenn die Folgen beim Umgang mit Technologie durchaus auch Berücksichtigung finden. Wie im Falle der Atomreaktoren, die einst so entwickelt wurden und heute genutzt werden, so bildet sich derzeit fast urwüchsig der Umgang mit Cloudbustern heraus. Befriedigen kann dies nicht (vgl. den vorangehenden Abschnitt).

Da sich alles, was einmal gedacht wurde, nicht mehr aus dem Gedächtnis der Menschheit löschen läßt, gibt es keinen Weg zurück in die vororgonomische Zeit, auch wenn diese Zeit in unserer Gesellschaft noch gar nicht angebrochen ist. Allein die Nutzung der ersten Cloudbuster und die hohe Wahrscheinlichkeit, daß sie tatsächlich wirksam sind, lassen ein Zurück nicht mehr zu. Einfach weitermachen und den Cloudbuster nutzen unter ähnlichen Rahmenbedingungen, wie Wilhelm Reich dies tat, bringt keine Lösung. Je mehr Menschen über Cloudbusteroperationen wissen, um so weniger ist ein auf subjektiver Verantwortlichkeit gegründeter Umgang mit diesem Gerät möglich oder auch nur vorstellbar. Wenn es kein Zurück und kein Stehenbleiben gibt, so bleibt nur der Weg nach vorn. Doch wo führt er hin?

Ich habe auf diese Frage keine zwingende oder auch nur schlüssige Antwort. Eines scheint mir allerdings sicher, der Weg führt über die durch Wilhelm Reich und sein Werk aufgezeigte Perspektive hinaus. Bevor ich die Richtung andeute, in der ich Weiterentwicklung vermute und erhoffe, möchte ich die Perspektive beschreiben, die Reich zum Umgang mit seinen Entdeckungen aufgezeigt hat.

Reichs Erkenntnisdrang ist von Jugend an auf Eingriffswissen gerichtet. Sein Forschungsziel war niemals reine Erkenntnis ohne jeden Praxisbezug (vgl. Anlage 3). Reich sucht Erkenntnis, um die Welt zu verändern. Sein Hauptinteresse ist auch da, wo er später Grundlagenforschung betreibt, ein praktisches. Dieses Erkenntnisinteresse hat Reich zu verschiedenen Zeiten in unterschiedlichen theoretischen Kontexten und, soweit man erkennen kann, mit einem sich jeweils verändernden Selbstverständnis geleitet.

Der junge Reich versteht sich als Arzt, der psychisch Kranke heilen oder ihr Leiden doch zumindest lindern will. Das Selbstbewußtsein des Arztes zieht sich konsequent durch Reichs Leben. Es ist auf den Umgang mit Menschen gerichtet, die ihm als Person, einzeln und konkret, eben als Klient, unmittelbar erlebbar gegenübertreten. Einen manipulativen Charakter scheint dieses Verhältnis nur dann angenommen zu haben, wenn Reich entgegen den Standesregeln persönliche Interessen im Arzt-Patienten-Verhältnis verfolgt hat. Myron Sharaf (1994) berichtet von solchen Situationen. Insgesamt ist die dominierende Rolle

Reichs zunächst die des Arztes, und er weicht in ihr vermutlich kaum von dem ab, wie auch andere Ärzte sie ausfüllen.

Mit der Entdeckung der Orgonenergie versteht sich der Mediziner zunehmend als Naturforscher, aus dem Arzt wird der Ingenieur. Als solcher experimentiert Reich mit Instrumenten, Geräten und Technologien, mit denen er die Lebensbedingungen der Menschen zu verbessern hofft. Hier hat er allerdings weniger mit einzelnen konkreten Individuen zu tun. Dem Ingenieur Reich tritt die ganze Gesellschaft und später die gesamte Menschheit gegenüber. Seine Technologie ist nicht mehr individuell auf den Menschen bezogen, sondern sie betrifft viele Menschen, unabhängig davon, ob sie davon betroffen sein wollen oder nicht. Reich sieht sich in der Rolle des Erfinders, der wirksame Großtechnologien entwickelt. Er unterscheidet sich hierin nicht von denen, denen wir die Errungenschaften unserer heutigen technologischen und für uns Menschen sehr folgenreichen Zivilisation verdanken.

Als Ingenieur handelt Wilhelm Reich ohne konkreten Auftrag der Gesellschaft, ohne irgendeine Vereinbarung mit möglichen Betroffenen, aber aus seiner Sicht zum Wohle der Menschen. Diese Sicht muß nicht zwangsläufig mit der seiner Mitmenschen übereinstimmen, die ja den Wirkungen der von ihm eingesetzten Orgontechnologie ausgesetzt sind. Auch die geglückte Manipulation des Wetters anläßlich eines Kinderfestes soll darüber nicht hinwegtäuschen, da auch sie zu Beeinträchtigungen Dritter führt.

So wie Reich vom Arzt zu einem global wirkenden Ingenieur aufsteigt, so steigert er sich auch in seiner Karriere vom engagierten KPD-Mitglied der frühen dreißiger Jahre zu einem sich mit militärischen Attitüden umgebenden Sheriff, der mit seiner Orgonkanone außerirdische Raumschiffe abwehrt. In der Reichschen Perspektive liegt somit das Problem unseres Jahrhunderts: eine effiziente Gestaltung oder gar Rettung der Welt durch Ingenieure, die harte Eingriffstechnologien handhaben.

In dieser Hinsicht unterscheidet sich Wilhelm Reich nicht vom gottlosen Geist unseres Jahrhunderts. Das Maß für verantwortliches Handeln geht letztendlich verloren, wenn der Mensch das Maß aller Dinge wird. Die herrschende Naturwissenschaft wie auch das orgonomische Weltbild Reichs kennen keine Moral, keinen Geist und kein geistiges Wesen, die außer oder über dem Menschen wirksam sind und an denen sich Verantwortlichkeit im Umgang mit Welt orientieren ließe. Wird der Mensch zum Maß aller Dinge, so ist Maßlosigkeit die prompte Folge. Der militärische und ebenso der zivile Umgang mit Technik in unserem Jahrhundert lassen die Relevanz dieses Problems offensichtlich werden.

Bescheidenheit, ohne Bezug auf ein übergeordnetes, moralische Werte setzendes Ganzes, mag für den einzelnen Menschen eine Möglichkeit sein, sich gegenüber der Technikhybris individuell angemessen zu verhalten, gesellschaftlich hat Bescheidenheit meines Erachtens keine Chance.

Um Reichs Werk heute angemessen fortzuführen, bedarf es nicht nur der gedanklichen Durchdringung und systematischen Aufarbeitung der von ihm in einer hohen Lebensdynamik produzierten Erkenntnisse, sondern auch der Einordnung dieses Wissens in eine übergreifende Weltsicht. In ihr muß und sollte die Vorstellung von einer geistigen Entwicklung des menschlichen Bewußtseins und der sich daraus ergebenden Verantwortlichkeit im Sinne Jean Gebsers ebenso Platz haben können wie die Erfahrung göttlicher Wesen. Ich bin mir bewußt, daß ich mit diesem Ausblick eine neue und zumindest ebenso emotional aufladbare Thematik anspreche, wie sie die Orgonomie Reichs ist; und meine Chance, hierbei zu überzeugen, ist sicher nicht besser als diejenige, neue Anhänger für die Orgonomie zu gewinnen. Doch kann dies die Frage nach den Möglichkeiten der Überwindung Reichs bremsen? Die Ausweitung und Weiterführung seiner Weltsicht erscheint mir ebenso notwendig, wie die Wahrnehmung und die wissenschaftliche Akzeptanz seines Wirkens und seines nicht nur praktisch so bedeutsamen Werkes. *OROP Wüste* ist keine Endstation. Der Weg, der zu Reich führt, führt letztendlich über ihn hinaus.

Indem ich dies behaupte, sehe ich mich genötigt, das eingangs gewählte Bild zu korrigieren. Der Platz, zu dem uns die Beschäftigung mit Wilhelm Reich führt, ist nicht die Schwelle der Tür zu einem Raum, die sich einen Spalt weit geöffnet hat. Wir stehen vielmehr an einem Fenster und blicken auf eine Landschaft, die noch im Nebel liegt. In ihr zeichnen sich verschwommen die Konturen von Bergen, Flüssen, Ebenen, Seen und vielem mehr ab. Wilhelm Reichs Werk stellt in dieser Landschaft einen, freilich noch sehr vom Nebel umwobenen, großen Felsen dar. Dieser Felsen ist aber nur ein Teil der ganzen Landschaft und erhält seine Bedeutung erst in bezug auf seine Umgebung. Andere Bereiche dieser Landschaft wurden von Naturwissenschaftlern gestaltet, deren Werke heute nur zum Teil präsent sind, die aber vielleicht in Zukunft an Bedeutung gewinnen werden. Zu ihnen gehören Faraday oder Tesla, ebenso Jacob von Uexküll, Hans Driesch oder Adolf Meier-Abich. Die Spuren von Gregory Batson, Rupert Sheldrake oder Fritz-Albert Popp könnte man in dieser Landschaft ebenfalls erkennen. Rudolf Steiner und Viktor Schauberger prägten vermutlich weite Bereiche dieser Landschaft.

Wie immer man diese Vorboten eines neuen naturwissenschaftlichen Paradigmas einzeln einschätzen oder im Zusammenhang sehen mag, ihre wissenschaftlichen Arbeiten deuten darauf hin, daß die von Reich und anderen individuell vollzogene »kopernikanische Wende« der Naturwissenschaft vermutlich mittelfristig zu einem Wandlungsprozeß hinsichtlich des gesamten naturwissenschaftlichen Weltbildes führen kann. Anzeichen dafür gibt es viele (vgl. Bechmann, 1995). Bislang ist es aber noch nicht überzeugend gelungen, die vielfältigen Ansätze vorurteilsfrei und kenntnisreich zu einer neuen Einheit zu integrieren. Dies könnte eine der Zukunftsaufgaben sein, vor denen die Wissenschaft heute steht. Jean Gebser hat zeit seines Lebens dahin gewirkt, die Vorboten und ersten Spuren des neuen Weltbildes zu erkennen, sie für uns sichtbar zu machen und sie in einen übergeordneten integrierenden Zusammenhang zu stellen. Ihm gebührt das letzte Wort.

»Was wir heute erleben, ist nicht etwa eine nur europäische Krise. Sie ist auch nicht eine bloße Krise der Moral, der Wirtschaft, der Ideologien, der Politik, der Religion. Sie herrscht nicht nur in Europa und Amerika. Auch Rußland und der Ferne Osten sind ihr unterworfen. Sie ist eine Weltkrise und Menschheitskrise, wie sie bisher nur in Wendezeiten auftrat, die für das Leben der Erde und der jeweiligen Menschheit einschneidend und endgültig waren. Die Krise unserer Zeit und unserer Welt bereitet einen vollständigen Umwandlungsprozeß vor, der, vorerst noch autonom, einem Ereignis zuzueilen scheint, das, von uns aus gesehen, nur mit dem Ausdruck ›globale Katastrophe‹ umschrieben werden kann, das, von einem nicht bloß anthropozentrischen Blickpunkt aus gewertet, sich als eine Neukonstellation planetaren Ausmaßes darstellen muß« (Gebser, 1986, S. 15).

»Nur dadurch, daß einmal der Versuch gewagt wird, unter Berücksichtigung und Achtung der jeder einzelnen Disziplin eignenden Denkweise und Terminologie die verschiedensten Wissensgebiet und Kunstäußerungen auf das sie alle verbindende Grundanliegen hin zu betrachten, ist es möglich, dieses Grundanliegen sichtbar zu machen.

Da in ihr eine Umstrukturierung unserer Realisationsweise stattfindet, sind alle ihre Äußerungen janusköpfig: Sie sind einerseits der bisher gültigen Bewußtseinsstruktur verhaftet, die, soweit sie defizient wurde, zu zerfallen droht, andererseits sind sie bereits der neu sich bildenden Bewußtseinsstruktur verpflichtet, die nur allmählich zum Durchbruch gelangt. Das bringt mit sich, daß vordergründig eine Wirrnis entsteht, da beispielsweise die Erschütterung der alten Denkweise noch nicht genügend durch die Festigung der neuen Wahrnehmungsweise ausgeglichen ist« (Gebser, 1986, S. 375f).

Anhang

Wissenschaft – die Suche nach der Wahrheit in paradigmatischen Festungen

Wissenschaft

Die Schwierigkeit, zwischen verschiedenen wissenschaftlichen Paradigmen oder Grundhaltungen eine faire und flüssige Kommunikation zu ermöglichen, wird verständlich, wenn wir sie aus der wissenschaftstheoretischen Perspektive heraus betrachten. Vergegenwärtigen wir uns zunächst in einfacher Form das Anliegen von Wissenschaft.

Wissenschaft ist ihrem Inhalte nach eine an Wahrnehmung anknüpfende, auf Erkenntnis gerichtete Tätigkeit. In diesem Sinne hat Wissenschaft ihre Wurzeln im Alltagsdenken. Die einfachste und klarste Form der Beschreibung dessen, was Wissenschaft aus dieser Perspektive sein kann, stammt von Werner Hofmann:

»Im formalen Sinn bezeichnet Wissenschaft eine methodische (d.h. systematische und kritische) Weise der Erkenntnissuche. Ihrem allgemeinen Inhalt nach ist Wissenschaft gerichtet:

1. auf das Erscheinungsbild der Wirklichkeit (als sammelnde, beschreibende, klassifizierende Tätigkeit, als Morphologie, Typologie usw.);
2. als theoretische Arbeit auf Zusammenhang, Bedeutung, Sinngehalt der Erscheinungen, auf wesentliche Grundsachverhalte, auf Gesetze der Wirklichkeit.

Damit ist gesagt:

1. Wissenschaft ist nicht durch den Erkenntnisgegenstand bestimmt (...)
2. Wissenschaft steht nicht im strengen, ausschließlichen Gegensatz zum einfachen Wahrnehmen und Denken, und damit der Wissenschaftler zum einfachen Menschen« (Hofmann, 1968, S. 50).

Faßt man den Wissenschaftsbegriff so breit, und dies ist sinnvoll, so gibt es zunächst kaum ein Thema, dessen Wissenschaft sich nicht annehmen dürfte. Genau hierauf beruft sich Wilhelm Reich immer wieder, und zwar zu Recht.

Als Tätigkeit umfaßt Wissenschaft nicht nur Denkprozesse, sondern muß auch als Handlung und als methodisch angeleitetes, ausschnitthaftes Erleben von Welt verstanden werden. Die erlebende, die tätige Person ist somit stets Ausgangspunkt von Wissenschaft. Ihr Erleben, ihre Wahrnehmung, ihr Tun, ihr Denken, all dies wird aber – sofern es sich um wissenschaftliche Erkenntnis- und Forschungsprozesse handelt – begrenzt, strukturiert, fokussiert und in der Regel in einen vorgegebenen Kontext (Paradigma, Schule) eingebunden. Durch diese Begrenzung und Ausrichtung erhält Wissenschaft die für kooperatives, arbeitsteiliges Forschen wichtige und auf intersubjektives Handeln und Erleben ausgerichtete Struktur. In dem auf Intersubjektivität zielenden Angleichungsprozeß institutionalisierter Wissenschaft gehen subjekthafte und damit auch innovative, aus der Fähigkeit von einzelnen erwachsende Erkenntnisse, die sich bezüglich der Erkenntnisimpulse, Wahrnehmungen, Denkfiguren oder Weltdeutungen deutlich von Durchschnittswissenschaft abheben, leicht verloren. Echte Erkenntnisinnovation richtet sich notgedrungen stets gegen den intersubjektiv abgestimmten Kanon vorhandenen Wissens.

Das Qualitätsmerkmal wissenschaftlicher Erkenntnis ist Wahrheit. Wahrheit meint dabei Übereinstimmung von Wirklichkeit und Wissen, von Praxis und Theorie, von Wahrnehmung und Erkenntnis. Wahrheit rekurriert letztendlich immer auf

Welt-Erleben. Wahrheit erscheint damit zunächst als subjektives Phänomen und erhält Gültigkeit erst dadurch, daß dieses Erleben durch »Evidenz« gesichert wird. Evidenz kann auf eine »unumstößliche Sicherheit« des erkennenden Subjektes oder auf »Nachvollziehbarkeit durch andere Subjekte« (Intersubjektivität) gegründet werden. Evidenz kann zwar aus der Sicht des erkennenden Subjektes gesichert, nie aber einem anderen Subjekt entgegen dessen Erleben aufgezwungen werden.

Ein erkennendes Subjekt wird in der Regel Evidenz von Ereignissen oder Denkfiguren wesentlich eher anerkennen, wenn sie mit seinem System der Weltdeutung übereinstimmt, als wenn sie ihm widerspricht. Dieses grundsätzlich eindeutige Verhältnis von Wissenschaft und Wahrheit löst selbstverständlich das Wahrheitsdilemma nicht auf, vor dem der konkret tätige Wissenschaftler steht. Über den Wahrheitsgehalt einer Beobachtung, einer wissenschaftlichen Aussage oder gar einer Theorie kann zwischen Wissenschaftlern nicht voraussetzungsfrei kommuniziert werden. Für jedes Feld praktischer Forschung muß vorab im Sinne von Traditionen, Schulenzugehörigkeiten oder von Konventionen geklärt sein, wie Wahrheit operationalisiert wird, das heißt unter welchen Bedingungen eine Aussage als wahr, eine Beobachtung als zutreffend, eine Theorie als gültig usw. anzusehen ist.

Solche »Vorgaben« oder Vorabfeststellungen können gut oder schlecht begründet sein. Mit zwingender Denknotwendigkeit kann keine von ihnen gegenüber all dem anderen, ebenfalls sinnvoll Möglichen hervorgehoben werden. Der jeweils konkret unterstellte Wahrheitsbegriff gehört zu den Grundvoraussetzungen jeder Art von Wissenschaft, die auf Erkenntnis von Welt gerichtet ist. Der Wissenschaftler kann sich seiner vergewissern und über ihn reflektieren. Ihn für jeden zwingend beweisen oder ihn für alle Zeiten sicher begründen kann er nicht.

Mit dem Wahrheitsbegriff konkretisieren sich auch die Inhalte von Wissenschaft nur über ihre sogenannte paradigmatische

Basis, das heißt, die konkreten Inhalte von Wissenschaft entwikkeln sich im Rahmen von Vorabfestlegungen über zugelassene, erlaubte oder anerkannte Fragestellungen, Forschungsmethoden, Wahrnehmungs-/Beobachtungs- und Meßverfahren, thematische Grundbegriffe oder Erklärungskonzepte und Gegenstandsbereiche.

Zum Begriff des Paradigmas

Konkrete Wissenschaft kann nicht voraussetzungsfrei betrieben werden. Ihre Ergebnisse sind daher auch nur im Rahmen der vorgesehenen Voraussetzungen wahr oder gültig. Hinsichtlich dieser Voraussetzungen unterscheiden sich konkrete Schulen, Theoriegebäude oder gar Wissenschaftssysteme häufig ganz erheblich voneinander.

Thomas Kuhn (1973) hat die Voraussetzungen praktizierter Wissenschaft im Begriff des Paradigmas zusammengefaßt und diesen damit in die wissenschaftsphilosophische Diskussion eingeführt. Paradigmen spielen aus seiner Sicht eine zentrale Rolle für die Entwicklung von Wissenschaft.

Paradigmen sind Modelle, Denkschemata oder gedankliche Raster, die bei jeder wissenschaftlichen Tätigkeit, insbesondere für jede Theoriebildung, als gegeben vorausgesetzt werden. Das heißt, in einem Paradigma sind die Bestandteile und Grundsteine einer Theorie erfaßt, die innerhalb dieser Theorie selbst nicht mehr thematisiert werden. Paradigmen dienen somit der Grenzziehung. Sie trennen einen »wissenschaftlichen Erkenntnisraum« von seiner »Umgebung«.

Kuhn versucht, die Struktur eines Paradigmas an einem Beispiel zu erläutern. »Die genaue historische Untersuchung eines bestimmten Spezialgebietes zu einem bestimmten Zeitpunkt enthält eine Reihe sich wiederholender uns gleichsam maßgebender Erklärungen verschiedener Theorien in ihren Anwendungen in bezug auf Begriffsbildung, Beobachtung und Instrumentation. Das sind die Paradigmen der Gemeinschaft, wie sie in ihren Lehrbüchern, Vorlesungen und Laborversuchen zutage treten« (Kuhn, 1973, S. 68).

Ein Paradigma umfaßt die Grundprinzipien und das Selbstverständnis eines wissenschaftlichen Ansatzes, eines Wissenschaftsgebietes oder einer Theorie. Wissenschaftler, die ein gemeinsames Paradigma verbindet, werden untereinander kommunikationsfähig. Es wird ihnen möglich, sich kleinen Teilbereichen ihrer speziellen Wissenschaft zu widmen, ohne den Boden unter den Füßen oder den übergeordneten Kontext über dem Kopf zu verlieren. Kuhn erläutert dies folgendermaßen:

»Menschen, deren Forschung auf gemeinsamen Paradigmen beruht, sind denselben Regeln und Normen für die wissenschaftliche Praxis verbunden. Diese Bindung und die offenbare Übereinstimmung, die sie hervorruft, sind Voraussetzungen für eine normale Wissenschaft, das heißt für die Entstehung und Fortdauer einer bestimmten Forschungstradition« (Kuhn, 1973, S. 29).

Paradigmen schaffen somit die Voraussetzung für »Normalwissenschaft«, als der Wissenschaft, die in stabilen Institutionen (Universitäten, Akademien, Forschungsgesellschaften usw.) routinemäßig betrieben werden kann. Die Herausbildung eines Paradigmas für ein bestimmtes wissenschaftliches Erkenntniskonzept bietet die Voraussetzung dafür, daß dieses Konzept Grundlage vergesellschafteter wissenschaftlicher Tätigkeit wird. Erst auf der Basis eines wohlstrukturierten Paradigmas wird arbeitsteilige Normalwissenschaft möglich und erfolgreich. Für ein neu entstehendes Wissensgebiet wird sich ein klar erkennbares Paradigma selten ganz früh, sondern erst später, im Verlauf des Forschungsprozesses, herausbilden. »Die Erwerbung eines Paradigmas und der damit möglichen esoterischen Art der Forschung ist ein Zeichen der Reife in der Entwicklung jedes besonderen wissenschaftlichen Fachgebietes« (Kuhn, 1973, S. 30).

Ein Paradigma stellt somit so etwas wie eine besondere »Brille« dar, welche sich eine Gruppe von Forschern eines wissenschaftlichen Fachgebietes aufsetzt, um die Gesamtkomplexität, mit der jede Forschungstätigkeit belastet ist, auf ein verarbeitbares Maß zu reduzieren. Nicht jede »Brille«, die diese Komplexitätsreduktion gewährleistet, kann jedoch als Paradigma dienen. Ein Paradigma in Kuhns Sinn ist durch drei Eigenschaften charakterisierbar. Es muß

- zentrale Probleme eines Wissensbereiches thematisieren und erfolgreicher lösen, als dies eventuell konkurrierende Paradigmen können;
- so ausgereift sein, daß es einen Kreis von Fachleuten längere Zeit an sich binden kann;
- so offen sein, daß es dem sich zu ihm bekennenden Wissenschaftler eine umfangreiche Menge lösbarer Probleme offeriert.

Naschold hat versucht, die Struktur eines Paradigmas in drei Dimensionen zu erfassen, die hier um eine vierte (Wahrnehmungskonzept) ergänzt werden. In Anlehnung an ihn läßt sich ein Paradigma strukturieren hinsichtlich

- des theoretisch-methodischen Ansatzes (theoretische Grundannahmen, Methodik usw.);
- des Wahrnehmungskonzeptes (Formen der Beobachtung, Meßverfahren usw.);
- des erkenntnisleitenden Interesses (Motive, Interessen, Fragestellungen usw.);
- des allgemeinen Bezugsrahmens der materiellen Theoriebildung (Gegenstandsbereich).

Diese Dimensionen eines Paradigmas lassen sich wiederum weiter auffächern.

Die Anlage 22 versucht einen Überblick über solch eine Auffächerung zu geben. Dabei wird deutlich, daß durch ein Paradigma weder eine Theorie eindeutig determiniert noch Schulenbildung behindert wird.

Strukturskizze eines Paradigmas

ANLAGE 22

theoretisch-methodischer Bezugsrahmen	– Wissenschaftsmethode / Wissenschaftsbegriff (z. B. phänomenologisch, hermeneutisch, dialektisch, semiotisch, axiomatisch, reduktiv ...) – Art der Theoriebildung (z. B. deduktiv, induktiv ...) – Erklärungsbegriff (z. B. kausal, statistisch, genetisch, funktional ...) – Relevanz des Empiriebezuges – Vorgehensweise bei der Gewinnung von Basissätzen (z. B. Messen, Befragen, Konstruieren, Interpretieren, Introspektieren ...)
Wahrnehmungskonzept	– Art des Empiriebezuges – zugelassene Formen der Wahrnehmung oder Beobachtung – zugelassene Meßverfahren und meßtheoretische Konzepte
erkenntnisleitende Interessen	– Erkenntnisinteresse (z. B. theoretisch, technisch, praktisch, emanzipatorisch ...) – thematisierte Fragestellungen / Zielvorstellungen
materialer Bezugsrahmen	– allgemeiner Objektbereich – durch das Paradigma erfaßbarer Ausschnitt des Objektbereiches – Inhalt und Struktur der als »gesichert« vorausgesetzten »Zuliefertheorien« – Inhalte explizit oder implizit vorausgesetzter Leitbilder, Konzepte oder Theorieansätze

Kuhn behauptet, daß sich die normale Forschung unter dem Banner von als konstant gesetzten Paradigmen abspielt. Im Rahmen von Normalwissenschaft spielen Paradigmen eine wesentliche Rolle. Sie regeln den Ablauf von Wissenschaft, indem

- primär die Fakten erfaßt werden, die vom Paradigma als besonders wesentlich oder bedeutungsvoll herausgestellt worden sind;
- sich die Aufmerksamkeit auf Fakten richtet, die unmittelbar mit der Paradigmatheorie verglichen werden können;
- Faktensammlung häufig zum Zwecke der Präzisierung der Paradigmatheorie betrieben wird;
- Darstellungen neuer Anwendungen des Paradigmas erarbeitet werden;
- die Weiterentwicklung der Exaktheit und des Umfanges der Paradigmatheorie in »gerichteter« Bahn erfolgt.

Paradigmen wirken zugleich in negativer Weise selektiv, indem sie Phänomene und theoretische Aspekte (bzw. Fragestellungen), die nicht zu ihrem Gesichtsfeld gehören, zur Artikulationsunfähigkeit verdammen. Die jeweils »wissenschaftsfähige« Welt endet an den Grenzen der einzelnen Paradigmen. Ein Wissenschaftler »sieht« in der Regel nur das, was ihm das Paradigma seiner Wissenschaft zu sehen »anbietet« und »gestattet«. Dies gilt um so mehr, als ein Paradigma im wissenschaftlichen Alltag nicht durch eine punktuelle Entscheidung oder Konvention übernommen wird, sondern weil es das Ergebnis eines Sozialisationsprozesses ist. »Wissenschaftler arbeiten nach Modellen, die sie sich durch ihre Ausbildung und die spätere Beeinflussung durch die Literatur angeeignet haben, oft ohne genau zu wissen oder auch wissen zu müssen, welche Eigenschaft diesen Modellen den Status von Gemeinschafts-Paradigmen gegeben haben« (Kuhn, 1973, S. 71).

»Obwohl viele Wissenschaftler leicht und gut über die besonderen individuellen Hypothesen sprechen, die einem konkreten Teil der laufenden Forschung zugrunde liegen, sind sie doch nur wenig besser als Laien, wenn es um die Charakterisierung der etablierten Grundlagen ihres Gebietes, seiner legitimen Probleme und Methoden geht. Wenn sie derartige Abstraktionen überhaupt gelernt haben, dann zeigen sie es in erster Linie durch ihre Fähigkeit zu erfolgreicher Forschung. Diese Fähigkeit kann aber verstanden werden, ohne daß man bei hypothetischen Spielregeln Zuflucht suchen müßte« (Kuhn, 1973, S. 73).

So schwer es auch sein dürfte, konkrete Paradigmen eindeutig zu charakterisieren, so zentral ist die Funktion, die sie für die normale Wissenschaft besitzen. Sie bilden die Plattform, auf der eine am Detailproblem orientierte Wissenschaft betrieben werden kann und auf der Kommunikation über die Ergebnisse einer solchen Wissenschaft möglich wird.

Die sogenannten Grundbegriffe eines Paradigmas sind genaugenommen Grenzbegriffe. Sie setzen die Grenze dafür, was innerhalb des Paradigmas thematisiert werden kann und was von einer wissenschaftlichen Betrachtung im Sinne des betreffenden Paradigmas ausgeschlossen bleibt (vgl. Anlage 23).

Grenzbegriffe haben stets zwei Funktionen. Sie bieten nach innen die Grundlage für ein differenziertes wissenschaftliches Gebäude, und sie schneiden nach außen hin Bezüge ab. Indem sie Bezüge abschneiden, weisen sie über das Paradigma selbst hinaus. Sie schaffen Grenzflächen. Begriffe wie Universum oder Elementarteilchen sind solche Grenzbegriffe. Nur wer naiv ist und im Grunde sein Paradigma nicht kennt, kann glauben, daß hinter der Grenze das Nichts läge und daß alle Welt in den Grenzen seines Paradigmas eingefangen sei.

In der wissenschaftsphilosophischen Diskussion hat sich in den vergangenen Jahrzehnten weitgehend die Auffassung durchgesetzt, daß die Entscheidung zwischen zwei konkurrierenden Paradigmen weder durch »logische Beweise« noch durch »Experimentalbeweise« (Grenzexperimente) erzwungen werden kann. Die Sicht der Dinge erscheint auch mir einleuch-

ANLAGE 23 Der systematische Aufbau der Welt – Beispiele für Grenzbegriffe

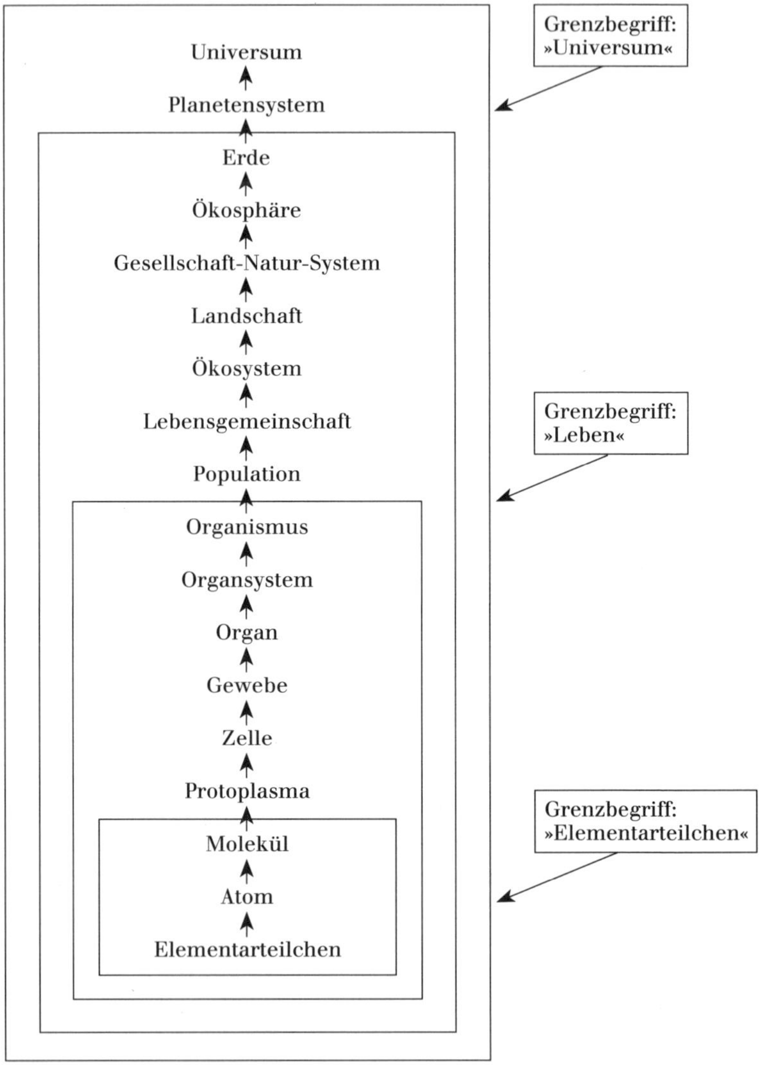

tend, und ich will sie deshalb hier in Anlehung an Stegmüller (1975) skizzenhaft begründen.

Ein Erkenntniskonzept, sofern es sich als Paradigma etabliert hat, ist stets in der Lage, eine mit dem Wissen der Zeit und dem Zeitgeist vereinbare Deutung von Welt (natürlich nur hinsichtlich des jeweiligen Gegenstandsbereiches) zu leisten. Dieses ergibt sich unmittelbar aus der obigen Erläuterung des Begriffes des Paradigmas.

Vergegenwärtigen wir uns die strukturellen Bestandteile eines Paradigmas. Dies sind (1) die begrifflich-logische Komponente (Theorie), (2) die empirische Komponente (Beobachtungen, Fakten, Tatsachenaussagen), (3) die methodischen Regeln und (4) die intendierten Anwendungsbereiche (Gegenstandsbereiche). In einem funktionierenden Paradigma sind diese strukturellen Komponenten aufeinander eingespielt, aneinander angepaßt.

Hinsichtlich seines Umfanges kann bei einem Paradigma ein engerer Bereich, in dem es seine Leistungsfähigkeit bereits bewiesen hat, als der sogenannte Kern des Paradigmas von Erweiterungsbereichen unterschieden werden. Der Kernbereich ist so gefaßt, daß in ihm eine echte Erschütterung des Paradigmas nicht möglich ist, etwa dadurch, daß

- der Anwendungsbereich mit seiner Hilfe angemessen erklärt werden kann (dies gilt z. B. sowohl für die Darstellung unseres Planetensystems aus ptolemäischer als auch aus kopernikanischer Sicht),
- Möglichkeiten zu Immunisierungsstrategien gegen unliebsame Einwände entwickelt werden (z. B. die Erfindung des »Placeboeffektes« in der Medizin),
- energisch darauf geachtet wird, daß nur das thematisiert wird, was innerhalb des eigentlichen Kernbereiches zugelassen ist (Dogmatisierung).

Durch sinnhafte Konstruktion, Immunisierung und Dogmatisierung kann jedes naturwissenschaftliche Paradigma hinsichtlich seines Kerns gegenüber logischen, methodologischen oder empirischen Angriffen verteidigt werden.

Ein Paradigma entwickelt sich, indem zum Kern Kernerweiterungen hinzukommen. Solche Kernerweiterungen können hinsichtlich des theoretischen Vokabulars, der methodischen Regeln, der empirischen Komponente oder des Gegenstandsbereiches geschaffen werden. Nicht alle von ihnen werden sich bewähren. Erweist sich eine Kernerweiterung als empirisch nicht haltbar, als ungültig oder sinnlos, so hat dies keine Konsequenz für den Kern selbst. Dieser bleibt davon unberührt und stabil.

Ein Paradigma läßt sich folglich nicht dadurch erschüttern, daß man es in Erweiterungsbereichen »widerlegt« oder ad absurdum führt.

Paradigmen haben vier Bezugsgrößen, die ihre Struktur und ihre gesellschaftliche Bedeutung beeinflussen: (1) die in ihnen ausgedrückte Wahrnehmung von Welt; (2) die in ihnen zugelassenen Denkfiguren; (3) die in ihnen erlaubten erkennenden Handlungs- oder Tätigkeitsformen von Wissenschaftlern und (4) die gesellschaftliche Praxis, aus der heraus das Paradigma seine gesellschaftliche und damit in der Regel institutionenprägende Kraft erhält.

Während die ersten beiden dieser Komponenten vor allem die »geistigen« Inhalte eines Paradigmas strukturieren und stabilisieren, wird es über die letzten beiden konkret in der Scientific community verankert.

Wissenschaftliche Tätigkeit wird im Sinne des Paradigmas reglementiert. Über die Institutionenbildung wird dafür Sorge getragen, daß durch Lehre und Ausbildung Nachwuchskräfte herangezogen, Reputationen nach außen getragen und Finanzmittel nach innen gezogen werden. (In diesem Zusammenhang erhalten die Bezeichnungen »herrschende Naturwissenschaft«, »Herrschaft ausübendes naturwissenschaftliches Paradigma« einen klaren Sinn.)

Je stabiler die Institutionalisierung eines Paradigmas ist, um so schwerer ist es für »Außenseiter«, einen Konflikt mit diesem Paradigma »institutionell« zu überleben. Solche Auseinandersetzungen werden in unserer Gesellschaft nach den Spielregeln von »Außenseiter gegen die Wissenschaft« geführt und in der Regel vom Außenseiter verloren.

Die Singularität von Paradigmen

Paradigmen sind stets selektiv und ermöglichen dadurch Kommunikation und Tiefenschärfe für Erkenntnisse. Für den »wissenschaftlichen« Normalbetrieb sind sie hilfreich. Zu Problemen kommt es jedoch dann, wenn konkurrierende Paradigmen zu ein und demselben Gegenstandsbereich auftreten oder wenn Wissenschaftler ihr eigenes Paradigma mit »Wissenschaft insgesamt« verwechseln, wenn sie beispielsweise zu glauben beginnen, es könne keine wissenschaftliche Erkenntnis außerhalb der Grenzen ihres Paradigmas geben.

Treffen unterschiedliche Paradigmen über den gleichen Gegenstandsbereich zusammen, so beginnen sie miteinander in Konkurrenz zu treten. (Dies wurde am Beispiel der ptolemäischen und der kopernikanischen Beschreibung unseres Sonnensystems sehr deutlich.)

Würde nun im Bereich der Wissenschaften Erkenntnis kontinuierlich wachsen, wenn also stetiger Fortschritt linear oder in einer Richtung stattfinden würde, dann wäre es leicht möglich, eine Entscheidung zwischen zwei konkurrierenden Paradigmen zu treffen. Das fortschrittlichere, das jüngere der beiden Paradigmen würde obsiegen.

Reich hat diese Hoffnung in sich getragen. Er war der Meinung, daß es »Grenzexperimente« gäbe (z. B. die Messung der Temperaturdifferenz inner- und außerhalb des Orgonakkumulators), mit deren Hilfe die Richtigkeit des »orgonomischen«

Paradigmas gegenüber dem materialistischen (d.h. dem konventionellen Paradigma der Naturwissenschaften) für jedermann zwingend erwiesen werden könne. Durch die sogenannte »Einstein-Affäre« wurde ihm glasklar demonstriert, daß ein und dasselbe Phänomen (nämlich die besagte Temperaturdifferenz) in zwei konkurrierenden Paradigmen gedeutet werden kann: in dem einen als Wirkung der Orgonenergie und in dem anderen als Defizit der Versuchsanordnung.

Paradigmen sind singulär. Sie können sich zwar eines aus dem anderen entwickeln, kontinuierliche Übergänge gibt es zwischen ihnen jedoch nicht. Unterschiedliche Paradigmen führen zu unterschiedlichen Bildern von der Welt.

Akzeptanz oder Ablehnung eines Paradigmas müssen stets eindeutig sein. Sie zielen auf ein Alles- oder Nichts-Sein. Dies bedeutet, einen Standpunkt einzunehmen, von dem aus Welt betrachtet wird und aus dessen Richtung der Scheinwerfer, das heißt die Erkenntnis, auf den ausgewählten Objektbereich gerichtet wird.

Obwohl ein Wissenschaftler für seine Forschungsarbeit zu jedem Zeitpunkt für jede konkrete Aufgabe – bewußt oder unbewußt – einen klaren Standpunkt einnehmen muß, ist er keineswegs gezwungen, diesen oder jenen Standpunkt dogmatisch ein für allemal einzunehmen und immer auf dem Boden des gleichen Paradigmas zu arbeiten.

Im konkreten Fall sind Paradigmen wie Festungen, sie sind klar umgrenzt, Zentren von Macht und Herrschaft und werden verteidigt und angegriffen. Dennoch kann man diese Bastionen freien Willens betreten und verlassen: Sich auf das Reichsche Paradigma als Naturwissenschaftler einzulassen, ist solch ein Akt des Verlassens und Betretens – sei es auch nur als eine Stippvisite.

Paradigmenwandel – Anerkennung zum Entstehen und Vergehen von Paradigmen

Die Ablösung eines alten Paradigmas durch ein konkurrierendes neues – und genau das hat Wilhelm Reich angestrebt – ist kein Ereignis, das durch den »Angreifer« zu dessen Bedingungen erzwungen werden kann. Paradigmenwandel ist immer auch Meinungswandel. Max Planck hatte dies im Sinn, als er resignierend bemerkte: »Neue wissenschaftliche Erkenntnisse pflegen sich nicht in der Weise durchzusetzen, daß die Gegner überzeugt werden, sondern dadurch, daß diese Gegner allmählich aussterben« (zitiert nach Stegmüller, 1975, S. 505).

Ein Paradigmenwandel vollzieht sich meistens, wenn das Vertrauen in ein Paradigma verlorengeht oder wenn nach Alternativen gesucht wird, weil

- es sich hinsichtlich bestimmter drängender Fragen als nicht angemessen erweiterbar erweist (z. B. Erkenntnisse zum Elektromagnetismusversuch, Helmholtzsche Auffassung der Physik);
- die Kluft zwischen Alltagserfahrung und zugelassenem Gegenstandsbereich des Paradigmas immer größer wird (z. B. gesellschaftliche Praxis alternativer Heilverfahren und das Weltbild der Schulmedizin);
- junge Wissenschaftler auftreten, die neue Themen angehen, eigene Wege suchen (Freud, Einstein, Reich, Bohr u. a.) und durch ihre Argumente andere (häufig ebenfalls junge) Wissenschaftler für sich gewinnen.

Das neue Paradigma siegt in dem nun beginnenden Verdrängungsprozeß in der Regel nicht deshalb, weil es stärker oder in sich gesicherter ist. Die Schwierigkeiten, die ihm entgegenstehen sind normalerweise zunächst viel massiver als die »ungelösten Probleme des in die Krise geratenen« alten Paradigmas (vgl. Stegmüller, 1975, S. 505). Damit ein neues Paradigma sich letztendlich doch durchsetzt, muß es vermutlich einige Stärken aufweisen, die seine Anhänger motivieren, an ihm zu arbeiten, die erkannten Hindernisse beiseite zu räumen, durch Propaganda und durch Überzeugung mehr und mehr neue Anhänger hinzuzugewinnen, um schließlich das alte Paradigma ganz zu verdrängen.

Solche Stärken können beispielsweise darin liegen, daß

- der Gegenstandsbereich des neuen Paradigmas umfassender ist als der des alten (Physik des ausgehenden 19. Jahrhunderts);
- im neuen mehrere alte Paradigmen durch eine übergeordnete Sichtweise zusammengeführt werden (Relativitätstheorie);
- durch das neue Paradigma Erklärungskonzepte einfacher werden (Kopernikus);
- die Erweiterungsmöglichkeiten des neuen Paradigmas sehr vielfältig und damit verheißungsvoll erscheinen (Biochemie);
- bislang im Rahmen von Wissenschaft nicht zugelassene, aber im Alltagswissen an Bedeutung gewinnende theoretische Begriffe, methodische Vorgehensweisen oder Wahrnehmungsmöglichkeiten »erlaubt« werden (Sexualforschung);
- im alten Paradigma verwendete theoretische Begriffe, methodische Vorgehensweisen oder Beobachtungsverfahren aufgrund der Entwicklung des Zeitgeistes »tabuisiert« werden (was in den vergangenen Jahrzehnten z. B. mit dem Vitalismus geschehen ist).

Die »Wahrheiten« eines alten und die eines neuen Paradigmas sind, wie bereits dargelegt, strenggenommen nicht miteinander vergleichbar. Aus dem Verdrängungsprozeß eines Paradigmas durch ein anderes darf deshalb nicht geschlossen werden, daß das alte Paradigma »falsch« war oder daß es »für immer erledigt« sei. Paradigmenwandel ist ein sozialer Prozeß. Er wird durch den Wandel von Erkenntnis und Welterleben zwar angestoßen, muß aber letztendlich als sozialer Prozeß innerhalb von Wissenschaftseinrichtungen und zwischen diesen sowie in der Gesellschaft vollzogen werden.

Prozesse des Paradigmenwandels werden durch vielerlei Faktoren in einer sehr komplexen Weise beeinflußt. Ihr Ablauf ist häufig nur schwer prognostizierbar, sofern konkrete Prognosen hinsichtlich des Zeitpunkts des erwarteten Umbruchs und der beteiligten Institution gefragt sind. Trotzdem erscheint es mir kurzschlüssig, Prozesse des Paradigmenwandels als regellos, beliebig oder auch nur als mehr oder weniger zufällig anzusehen. Historisch betrachtet läßt sich der Paradigmenwandel in der abendländischen Wissenschaft durchaus als ein sinnvoller, jeweils neue Aspekte des gesellschaftlichen Bewußtseins und der Welterfahrung integrierender Prozeß deuten. Jean Gebsers Werk *Ursprung und Gegenwart* (1986) enthält eine sehr profunde Interpretation des Zusammenhanges von Wissenschaftsentwicklung und Entwicklung menschlichen Bewußtseins im Rahmen der abendländischen Kultur.

Die Entwicklung von Wissenschaft kann sicherlich nicht als ein linearer Prozeß gesehen werden, der nur in eine Richtung führt. Man kann jedoch deutlich erkennen, daß in verschiedenen Entwicklungsphasen gesellschaftlichen Bewußtseins Entwicklungsrichtungen von Wissenschaft und damit Vertiefungen in eine bestimmte Richtung unter Ausgrenzung anderer Betrachtungsperspektiven angelegt sind, die als Paradigmenwandel erlebt werden. Ferner kann man sehen, daß aufeinanderfolgende Paradigmen, sofern sie tatsächlich empirisch und theoretisch gehaltvoll sind, in ihren Kernaussagen niemals ganz verlorengehen, sondern sich in Folgeparadigmen als Spezialfall, als Grundidee oder als nicht weiter verfolgte Erkenntnislinien einbetten. Das heißt, Paradigmen, die sich in einer bestimmten Phase voll entfaltet haben, gehen in ihren Kernaussagen nie ganz unter. Es kann sogar geschehen, daß sie nach langer Zeit in einem neuen Kontext eine Renaissance erfahren (Atomtheorien).

Paradigmenwandel, oder genauer Paradigmenablösung, ist ein Prozeß, der aufgrund seiner Komplexität zwar nur begrenzt prognostiziert werden kann, der aber insgesamt ein Entwicklungsprozeß ist, der jedoch nicht linear verläuft. Er besitzt Baumstruktur, das heißt, einzelne Äste werden ausgebaut, andere bleiben auf einer bestimmten Entwicklungsstufe, danach erhält der eine oder andere Ast Bedeutung und wird weiter ausdifferenziert. Mit anderen Worten, Paradigmen, die in einem bestimmten gesellschaftlichen Bewußtseinskontext Bedeutung haben, können stagnieren, eingefroren werden oder aus dem gesellschaftlichen Bewußtseinsprozeß zwischenzeitlich verschwinden, um zu einem späteren Zeitpunkt in einer neuen Wissensumgebung wieder aufzuleben.

Die auf Effekte angelegte Argumentation Paul Feyerabends (1979), die darauf hinausläuft, Paradigmen nur als singulär anzusehen, da sich kein eindeutig linearer Entwicklungsprozeß von Paradigmen beweisen läßt, macht zu Recht sehr plakativ darauf aufmerksam, wie komplex Ablösungsprozesse zwischen Paradigmen sind; sie schießt jedoch weit über das Ziel hinaus, indem sie jede Regelhaftigkeit und vor allem jedes Entwicklungsmuster oder – mit Gebser zu sprechen – Mutationsmuster gesellschaftlichen Bewußtseins und der von diesem getragenen wissenschaftlichen Paradigmen bestreitet. Historisch ist die Position von Feyerabend ebenso wie die von Kuhn in ihrem ursprünglichen Sinn nur unter Ausblendungen unseres Wissens über Wissenschaftsgeschichte zu belegen.

Paradigmenwandel wird durch Menschen vorangetrieben, die im Kontext des gesellschaftlichen Bewußtseins ihrer Zeit nach Erkenntnis des noch Unerkannten suchen.

Menschliches Erleben kennt – und das macht die Sache schwierig – solches, das von außen induziert wird, und solches, welches aus dem Menschen scheinbar ohne wesentliche Außenanstöße heraus erwächst. Naturwissenschaft, die das Außen abbilden, spiegeln und verstehen will, kann beide Quellen – da sie sich im Erleben eines Menschen vermischen und für ihn selbst kaum oder nur sehr schwer trennbar sind – nur unter größten

Mühen und wahrscheinlich niemals fehlerfrei modellieren. Naturwissenschaftliche Theorien, das heißt Modelle von der Welt, müssen daher einerseits einen paradigmatisch gesteuerten Filter und Konstruktionsvorgang durchlaufen und werden andererseits immer wieder mit Erlebenskomponenten konfrontiert. Aus dieser Konfrontation baut sich die Spannung innerhalb des jeweiligen Paradigmas zwischen gesicherter Naturerklärung hier und Alltagserleben von Menschen dort auf. Wird diese Spannung sehr groß, so wird der Wandel oder der Untergang des betreffenden naturwissenschaftlichen Paradigmas eingeleitet, wobei das neue Paradigma, welches das alte ablöst, prinzipiell dem gleichen Spannungsprozeß unterliegt. Es darf Lebenswirklichkeiten, denen in der Vergangenheit eine bedeutende Rolle zukam, sofern sie in der Gegenwart noch von Bedeutung sind, nicht widersprechen, und es muß zugleich dem neuen zeitgemäßen Erleben entsprechen. Paradigmenwandel ist somit mit dem Zeitgeist, mit dem zeitgemäßen Erleben von Welt, eng verknüpft.

Erkenntnis ist Tätigkeit und beruht auf Erleben. Erkenntnis hat damit eine individuelle und eine kulturelle Prägung. Diese Prägung äußert sich in den individuell zugänglichen oder in den sozial zugelassenen Formen von Wahrnehmung sowie in den individuell zugänglichen und im gesellschaftlichen Bewußtsein vorhandenen Formen der Denkfähigkeit. Gibt es Entwicklung von Kultur, so gibt es auch Entwicklung von Erkenntnis. Dies gilt natürlich auch auf der Ebene des Individuums.

Wissenschaftliche Erkenntnis tendiert dazu, die in einer bestimmten Zeit und Kultur vorhandenen Möglichkeiten von Wahrnehmung und Denken auszuschöpfen und zugleich die Grenzen des kulturell Zugänglichen aktiv zu verschieben. Sie rekurriert damit nicht nur auf das in einer Zeit und Kultur Erlebbare, sondern eröffnet auch Möglichkeiten neuen Erlebens. Sie hat damit eine ähnliche, wenn auch anders strukturierte Funktion wie die Kunst.

OROP und meine Erfahrungen mit der Wetterbeeinflussung

von Richard A. Blasband

Reich prägte den Begriff »OROP« zur Bezeichnung »aller von Menschen unternommenen Operationen im Hinblick auf die Seite 11 Wüste«. Die Abkürzung »OR« steht für Orgonenergie, die von Reich entdeckte Energie des Lebens und des Kosmos, sowie die funktional-energetische Denkweise, die Reich anwandte, um das Funktionieren dieser Energie im Menschen und in der Natur zu erforschen. DOR ist ein Kürzel für »tote« oder »tödliche Or- Seite 190 gonenergie«, das ist Lebensenergie, die im Kampf zwischen der Orgonenergie und giftigen Agenzien, insbesondere atomarer Strahlung, »abgestorben« ist. Beim »Oranur-Experiment«, das Reich 1951 in seinem Laboratorium in Rangeley (Maine) durchführte, konfrontierte er eine stark orgonenergetisch aufgeladene Umgebung bewußt mit einer geringen Menge reinen Radiums. Das führte zu einer extremen Intensivierung der Erregung der Orgonenergie (wie Messungen mittels verschiedener Prüfgeräte zeigten), ferner zum Tod Hunderter von Versuchsmäusen und zu ernsten biopathologischen Reaktionen bei all denen, die an der Durchführung des Experiments beteiligt waren. Im Verlauf der Oranur-Reaktion entstanden DOR, und zwar in Form einer Schwärzung der Wolken am Himmel, einer giftigen, »Melanor« genannten schwarzen Ablagerung, die vom Himmel niederging und Steine, Felsen und den Erdboden bedeckte, begleitet vom Verstummen der Tierwelt und der Natur, sowie Erkrankungssymptome bei Mitarbeitern – Austrocknung, Sauerstoffmangel, Schlappheit und Anfälligkeit für Krankheiten. Das Laboratorium wurde für zwei Jahre praktisch unbenutzbar. Reich stellte später fest, daß das DOR von beobachteten unidentifizierten Flugobjekten stammte und wahrscheinlich bei der »Verbrennung« von Orgonenergie entstand, mit der die Raumschiffe angetrieben wurden.

OROP Wüste von W. Reich handelt von der zunehmenden Verdorrung der Erde und deren Ursachen – vom ursächlichen Zusammenhang mit DOR und Raumschiffen. Reich vertritt die Auffassung, daß sich Wüsten in weiten Teilen der Welt mit unnatürlichem Tempo ausbreiten und daß die Ursache dafür in den von Menschen und von Raumschiffen in die Atmosphäre eingebrachtem DOR liegt. Um die Charakterstruktur des Menschen zu bezeichnen, seine innere »Leere«, seinen achtlosen Umgang mit der Umwelt und die mutwillige, entfremdete Art, wie er die Atmosphäre verschmutzt, verwendet Reich den Ausdruck Seite 13 »emotionale Wüste« und stellt darüber hinaus die These auf, die Menschen würden sich aufgrund eben dieser Disposition der Verpflichtung entziehen, korrigierend in die Prozesse der teilweise natürlichen, teilweise aber auch vom Menschen selbst verursachten Wüstenbildung einzugreifen.

Zur Untermauerung seiner These legt Reich seine funktionelle Sichtweise der atmosphärischen Prozesse dar, eine detaillierte Analyse der Beziehung zwischen dem Auftauchen von Raumschiffen und den Erscheinungsformen von DOR und Melanor, dazu eine Schilderung von Operationen im Rahmen des Seite 44 Cosmic Orgone Engineering (CORE) unter Verwendung des sogenannten Cloudbusters, bei denen auf funktionelle Art DOR gebunden und zerstreut und Dürre in ihren diversen Manifestationen bekämpft wird.

Funktionelles Denken und Experimentieren sind inhärente Bestandteile orgonomischer Forschung in allen zur Erkundung stehenden Bereichen der Natur. Reich stellte das funktionelle Denken dem mechanistischen und mystischen Denken gegenüber, in welchem er ein Produkt der patriarchalischen Zivilisation sah.[1] Der mechanistische Ansatz bedient sich einer reduktionistischen, alles in isolierte Einzelphänomene aufspaltende Forschungs- und Interpretationsmethode, die davon ausgeht, daß Leben nichts anderes ist als eine unglaublich komplexe Verkettung toter Materieteilchen und -gebilde, die durch ein rätselhaftes »Irgendwie« all jene Eigenschaften verliehen bekommen, die nach unserem heutigen Wissen das kennzeichen, was Leben ist. Im Bereich des Nichtlebendigen gehen die Mechanisten davon aus, daß der Raum ein Vakuum ist mit beweglichen Gebilden darin, zwischen denen streng gesetzmäßige Beziehungen herrschen, die keine spontane Aktivität zulassen.[2] Zu stark gepanzert, um die Regungen der Lebensenergie in seinem Inneren zu spüren, kann der mechanistische Wissenschaftler nur zu dem Schluß gelangen, daß in der Natur sowenig Lebensenergie oder spontanes Pulsieren auftreten wie in ihm selbst. Diejenigen, die die von der Energie in ihrem Inneren ausgehende Erregung noch spüren, auch wenn die Wahrnehmung dieser Erregung durch Panzerung beeinträchtigt ist, delegieren – einmal die Woche, beim sonntäglichen Kirchgang – das oben erwähnte »Irgendwie« an den lieben Gott. Nach Reich ist das der Mechanismus, der allen mystischen Neigungen zugrunde liegt, gleichgültig ob der wesentliche Impulsgeber nun »Gott« genannt wird oder ob andere übernatürliche Kräfte in Anspruch genommen werden.

Der funktionelle Wissenschaftler ist im Vergleich zum Mechanisten und Mystiker weniger gepanzert und kann insofern eher auf seine subjektiven Empfindungen vertrauen, die für den Zustand und die energetische Verfassung der Außenwelt empfänglicher sind. Er ist an das lustvolle Empfinden der in seinem Inneren strömenden Energie gewöhnt, ähnlich wie Menschen primitiver Gesellschaften mit animistischer Weltauffassung Objekte außerhalb ihrer selbst als von Lebensenergie durchströmt wahrzunehmen vermögen. Wenn der beobachtete Gegenstand in zufriedenstellender Weise subjektiv verstanden ist, entwirft der funktionelle Wissenschaftler Experimente zur Objektivierung seiner subjektiven Empfindungen. Dies sind jedoch nicht »kontrollierte« Experimente in dem Sinn, daß alle lebendigen Eigenschaften des Objekts dabei ausgeschaltet werden, wie es bei Experimenten mechanistischer Wissenschaftler in aller Regel der Fall ist. Zwar werden auch in der funktionellen Wissenschaft Kontrollvariablen benutzt, doch müssen sie hier dem Anspruch genügen, die lebendigen Eigenschaften des Objekts prägnant hervortreten zu lassen und es deutlicher und verständlicher zu machen.

Auch die funktionelle Theoriebildung unterscheidet sich von der mechanistischen oder mystischen. Während bei letzteren entweder reduktionistische oder vage Theorien gebildet werden, respektiert der Funktionalismus sowohl die Ganzheitlichkeit als auch die Spezifik der Natur. Er vermeidet die Suche nach tieferliegenden, allen zur Untersuchung stehenden Variablen gemeinsamen Grundgesetzlichkeiten. Er gewinnt damit einen »Baum« von Erkenntnissen, bei dem alle Einzelteile als aufeinander bezogen und in tieferen gemeinsamen Funktionsprinzipien verwurzelt gelten.

Mir scheint, daß die Fähigkeit, funktionell zu denken und zu handeln, nicht nur auf einer relativ geringen Panzerung beruht, sondern auch auf einer ausgeprägten Bewußtheit. Damit meine ich nicht allein ein bestimmtes Mindestmaß an Einsicht, sondern die hochentwickelte Fähigkeit zu harmonischer Integration bioenergetischer, physikalischer, emotionaler und mentaler Funktionen. Dieses Vermögen scheint auf einer eher seltenen Konstellation von Fähigkeiten zu beruhen, und zwar aus vielerlei Gründen, von denen Reich eine ganze Reihe namhaft gemacht und eingehend dokumentiert hat.

Meine Erfahrungen mit orgonomischer Wetterbeeinflussung

Nach über 35jähriger Arbeit mit dem Cloudbuster und zahlreichen Operationen zur DOR-Beseitigung und Dürrebehebung in den Vereinigten Staaten und anderswo bin ich überzeugt, aufgrund persönlicher Erfahrung ein qualifiziertes Urteil über diesen Aspekt der Arbeit Reichs abgeben zu können. Meine Erfahrungen sowie einige statistische Analysen lassen bei mir keinen Zweifel daran bestehen, daß der Cloudbuster das meiste von dem, was Reich ihm zuschreibt, tatsächlich leistet. Dazu gehören Wolkenauflösung und Wolkenaufbau, Gewittererzeugung und Nebelauflösung. Die von James DeMeo, Jerome Eden, John Schleining, Trevor Constable und mir in den Zeitschriften *Journal of Orgonomy* und *Pulse of the Planet* veröffentlichten Arbeiten zeugen auf beredte Weise von der Realität der orgonomischen Wetterbeeinflussung. Es handelt sich dabei um zum Teil anekdotische Berichte über CORE-Operationen in den USA, Israel, Deutschland, Griechenland und Afrika sowie um Analysen systematischer Serien von Operationen zur Regenerzeugung, allesamt publiziert in den beiden vorgenannten Zeitschriften.[3]

Im Rahmen einer von mir selbst durchgeführten Versuchsreihe, bei der innerhalb einer Trockenheitsperiode im Jahr 1965 in Pennsylvania die Häufigkeit von Gewittern mit der jeweiligen amtlichen Wettervorhersage abgeglichen wurde, stellte sich heraus, daß bei insgesamt 38 Fällen, in denen wir bei einer prognostizierten Niederschlagswahrscheinlichkeit von 10 Prozent oder weniger binnen 48 Stunden Operationen zur Regenerzeugung durchführten, 18mal tatsächlich Niederschläge eintraten. Dieses Ergebnis ist zwar statistisch im strengen Sinne nicht signifikant ($p=0.12$), legt aber den Schluß nahe, daß wir um einiges über der Zufallshäufigkeit zu erwartender Niederschläge lagen, und die sieben Regenfälle, die wir über die zu erwartende Häufigkeit hinaus erzielten, haben die Auswirkungen der Trokkenheitsperiode erheblich gemildert.[4] DeMeo gelang es bei seinen Operationen in Kansas in den Jahren 1979–80, zu Zeitpunkten, in denen die Niederschlagswahrscheinlichkeit bei nahezu null lag, in 10 von 12 Versuchen Regen innerhalb von 48 Stunden zu erzeugen und damit ein statistisch hochsignifikantes Ergebnis zu erzielen.[5]

Am überzeugendsten ist jedoch die Teilnahme an Cloudbusteroperationen. Schon oft habe ich unparteiische oder skeptisch gestimmte Augenzeugen gebeten, sich aus einer Vielzahl von Kumuluswolken am Himmel eine einzelne »auszusuchen«, die dann aufgelöst werden sollte. In neun von zehn Fällen gelingt es, genau diese Wolke aufzulösen, indem man den Cloudbuster auf sie richtet. Man kann diese Demonstration viele Male wiederholen, bis der Cloudbuster energetische Veränderungen in der Atmosphäre bewirkt. In Israel wohnte einmal ein eigensinniger, skeptischer, aber genialer Mitarbeiter der staatlichen Agrarverwaltung einer Demonstration mit dem Cloudbuster bei, weil er prüfen sollte, ob das Gerät für israelische Verhältnisse brauchbar wäre. Zu seinem Erstaunen konnte er beobachten, wie sich in der angepeilten Kumuluswolke mehrere Löcher bildeten, und zwar im Muster der Anordnung der Rohre des Cloudbusters. Noch größer wurde sein Erstaunen, als es zu schneien anfing (und das im Frühling und unweit von Bethlehem); dies war eine Auswirkung der durch unsere Operation freigesetzten Feuchtigkeit. Nebenbei bemerkt, unsere Tätigkeit in Israel machte einer seit mehreren Jahren andauernden Dürre ein Ende, die die ohnehin stets prekäre Wasserversorgung des Landes schwer gefährdete. Als Folge zweiwöchiger ununterbrochener Operationen fiel genug Niederschlag, um den Wasserstand im See Genezareth, Israels wichtigstem Reservoir für die Bewässerung von Ackerland, um 75 cm und damit auf normale Höhe steigen zu lassen. Einige Jahre später kam auch DeMeo nach Israel und beendete dort ebenfalls eine Dürreperiode; geht man von den Voraussagen des amtlichen Wetterdienstes aus, waren seine Operationen außerordentlich erfolgreich.[6]

Einen Cloudbuster zu bauen ist einfach, effizient damit umgehen kann aber nur, wer ein funktionelles Verständnis des Wetters und ein solides Grundwissen über die Dynamik des Wettergeschehens besitzt. Mit »funktionell« ist in diesem Fall ein Verständnis der orgonotischen Energieverhältnisse bei Wolkenbildung, Gewittern und Trockenperioden gemeint. Klassische Parameter wie Luftdruck, Temperatur oder Feuchtigkeitsgehalt der Atmosphäre werden durchaus anerkannt, doch den CORE-Techniker interessiert mehr das diesen Faktoren zugrundeliegende primäre orgonenergetische Geschehen und die Frage, wie sie sich in der Atmosphäre so manipulieren lassen, daß die beabsichtigten Wetterveränderungen eintreten. Wie gut der Kontakt zu den orgonotischen Parametern ist, hängt in erster Linie von der bioenergetischen Struktur des Cloudbusteroperators und von seinen bewußten Intentionen ab.

Nach meiner Erfahrung setzt ein erfolgreiches Arbeiten mit der Atmosphäre eine »Resonanz« zwischen dem Operator, dem Cloudbuster und der Atmosphäre voraus. Bei starker Resonanz wird man überwältigenden Erfolg haben, bei schwacher Resonanz wird sich selbst der Erfahrenste schwertun, akzeptable Ergebnisse zu erzielen. Die bewußte Intention spielt eine große Rolle für die Herstellung von Resonanz. Mir wurde dies zum ersten Mal klar, nachdem ich mehrmals erlebt hatte, wie an einem Tag völliger Windstille in dem Augenblick, als wir uns dem Cloudbuster näherten und noch bevor wir die Rohre aufgerichtet hatten, eine Brise »aufkam«. Die Ursache dafür konnte nicht in einer Wechselwirkung zwischen meinem physischen Orgonfeld und dem des Cloudbusters liegen, denn ich war in dem Moment noch mindestens 30 Meter von dem Gerät entfernt, und das eigene Energiefeld reicht selten weiter als zwei Meter. Dies passierte mir so viele Male, daß sich mir der Schluß gleichsam aufdrängte, ich hätte durch mein bloßes Nachdenken über die bevorstehende Operation den Vorgang schon ausgelöst. Als ich anderen Cloudbusteroperatoren davon erzählte, bestätigten sie, ähnliche Erfahrungen wie ich gemacht zu haben.

In diesem Zusammenhang sei an die wohlbekannte Tatsache erinnert, daß eine Wünschelrute nicht aus eigener Kraft ausschlägt; der Rutengänger muß eine Vorstellung davon haben, was er finden möchte – ob Wasser, Erdöl oder Erkenntnisse über den Zustand eines Organsystems (wie bei der Arbeit mit einem Pendel in der medizinischen Radiästhesie). Nur wenn die Person sich mental einbringt und harmonisch »mitschwingt«, kann eine Resonanz mit dem zu manipulierenden Objekt entstehen. An der Realität dieses Phänomens hegen diejenigen, die sich mit der Erforschung von Mensch-Maschine-Interaktionen befassen, heute keinen vernünftigen Zweifel mehr. Die durchschnittliche Versuchsperson kann die Zahlen, die ein Zufallsgenerator ausspuckt, durch die bloße Kraft ihrer Gedanken »bestellen«. Dieses Phänomen vollzieht sich unabhängig vom vierdimensionalen Raum-Zeit-Kontinuum! Es kann nur so sein, daß sich hinter der Zeit und dem Raum, wie wir sie mit unseren fünf Sinnen wahrnehmen und mit unseren Instrumenten messen, eine tiefere Energiedimension verbirgt.

Die Erkenntnisse Reichs über energetische Pulsation, atmosphärische Expansion und Kontraktion sowie über die blockierenden und austrocknenden Auswirkungen von DOR im Wettergeschehen und seiner Störungen haben in Hunderten von CORE-Operationen ihre Probe bestanden. Zwar hinkte die orgonomische Theoriebildung über atmosphärische Vorgänge ein gutes Stück hinter der Praxis der CORE-Operationen her, doch haben meine auf den Formulierungen Reichs aufbauenden Thesen über die energetischen Grundlagen von Hoch- und Tiefdrucksystemen seit ihrer Erstveröffentlichung im Jahr 1969 eine reiche Bestätigung gefunden.[7] Reichs Konzept eines galaktischen Energiestroms ist nach wie vor plausibel, kann jedoch in Anbetracht der wenigen dokumentierten Wetteroperationen, bei denen dieser hypothetische Strom für die Wetter-

Seiten 24, 136ff.

beeinflussung herangezogen wurde, eindeutig noch nicht als bewiesen gelten.

Reich hat viele Male vor einem unverantwortlichen Umgang mit dem Cloudbuster gewarnt. Es ist ein hochwirksames Gerät, das nicht nur Nutzen bringen, sondern auch Schaden anrichten kann, selbst in den Händen wohlmeinendster Menschen. Nur Leute mit gründlicher orgonbiophysikalischer und klassisch-meteorologischer Vorbildung sowie mit einer gesunden Persönlichkeitsstruktur sollten sich an diese Arbeit heranwagen. Wer mit dem Cloudbuster arbeitet, sollte wissen, daß damit ernste Gesundheitsrisiken verbunden sein können. Schon etliche erfahrene Cloudbusteroperateure haben sich Erkrankungen zugezogen – in manchen Fällen mit tödlichem Ausgang –, die sich auf diese Arbeit zurückführen lassen. Das Zusammenwirken hoher Oranur- und DOR-Strahlungsdosen einerseits und der Verlust körpereigener Energie durch die abziehende Wirkung eines in der Nähe befindlichen, aktiven Cloudbusters andererseits kann irreparable Schäden des menschlichen Biosystems nach sich ziehen. Robert McCullough, der Reich bei den Wüstenoperationen in Arizona assistierte, erlitt während der Arbeit mit dem Cloudbuster eine permanente Lähmung. Jerome Eden, der viele Jahre lang in Idaho Wetterbeeinflussung praktizierte, starb vorzeitig an einem chronischen Kollagen-Leiden und einem Gehirntumor. Bei mir selbst, ich habe zeitlebens sehr viel Sport getrieben, hat sich in der Folge ein chronisches Müdigkeitssyndrom entwickelt, welches ich aber glücklicherweise später wieder loswurde.

Seiten 70, 76, 90

Seite 30

Unser Wissen über die Auswirkungen des Cloudbusters auf die Atmosphäre und auf die ihn bedienenden Menschen steckt noch in den Kinderschuhen (um nicht zu sagen: in den Windeln), vergleichbar dem Wissensstand um die Röntgenstrahlung zu Lebzeiten Röntgens, als er und etliche seiner Mitarbeiter aufgrund von Strahlungsschäden Finger verloren haben, und einige sogar gestorben sind.

R. A. Blasband

Die Frage der UFOs

Seiten 43f.

W. Reich ist davon ausgegangen, daß es interplanetarische Raumschiffe (»fliegende Untertassen«, »UFOs«) wirklich gibt. Heute, nachdem beinahe 40 Jahre vergangen sind, verfügen wir über eine solche Fülle wohldokumentierter Sichtungen und naturwissenschaftlich analysierter Berichte und Fotos, daß nur noch unbelehrbare Skeptiker an der Existenz dieses Phänomens zweifeln.[8]

Meine eigenen Erfahrungen mit UFOs beschränken sich auf einen Zeitraum von zwei Jahren, 1965–67, als ich meine ersten Cloudbusterexperimente unternahm zur Bekämpfung von Dürrefolgen im ländlichen Bucks County, Pennsylvania, rund 75 Kilometer nördlich von Philadelphia am Delaware River. Etwa einen Monat nach Beginn meiner Operationen bemerkte ich am nächtlichen Himmel ungewöhnliche Objekte und Flugkörper. Ich möchte betonen, daß ich diese Beobachtungen zu Hause gemacht habe, auf einem Bauernhof inmitten von 22 Hektar Akkerland, wo es in meinem ganzen Gesichtskreis keine anderen Siedlungen, Wohngebäude oder sonstige Lichtquellen gab. Auch lag die Gegend abseits der Flugrouten des zivilen Luftverkehrs. Als Amateurastronom mit einem 88-Millimeter-Fernrohr vom Typ Questar und einem guten Fernglas bewaffnet, war ich es gewöhnt, den Nachthimmel zu studieren, und im übrigen bin ich, da ich Erfahrungen als Pilot von Kleinflugzeugen habe, mit Bewegungen von Fluggeräten ganz gut vertraut.

Viele Male konnte ich »Sterne« beobachten, die sich schnell bewegten, Lichtpunkte hoch in der Stratosphäre, die trotz aller Deutungsversuche unerklärlich blieben. Mehrmals habe ich nachts etwas beobachtet, das sich am besten als »Feuerbälle« beschreiben läßt, die in etwa 1,50 Meter Höhe über dem Boden an mir vorbeizischten; es schien, als kämen sie vom äußersten Rand meines Gesichtsfeldes. Dreimal sah ich wesentlich größere Flugkörper. Ein scheibenförmiges Objekt, oben mit einer roten »Leuchtkanzel«, erschien über meinem Haus, schwebte in vielleicht 700 Metern Höhe, beschleunigte dann zügig und verschwand am Horizont. Ein zeppelinförmiges Objekt von der Leuchtkraft des Vollmondes, oben mit einer roten »Leuchtkanzel«, aber unten ohne Kabine, tauchte am Horizont auf und driftete gemächlich westwärts. Zusammen mit einem Kollegen beobachtete ich es über eine Stunde lang. In der lokalen Presse war am nächsten Morgen von der Anwesenheit des Goodyear-Zeppelins die Rede, doch als ich bei Goodyear anrief, sagte man mir, der Zeppelin sei nirgendwo in unserer Gegend. Am erstaunlichsten war das Auftauchen dreier Flugobjekte in 300 bis 600 Metern Höhe, die in Deltaformation rund 20 Minuten lang an einem Punkt auf der Stelle schwebten, der nur 45 bis 60 Meter von mir entfernt schien. Einmal neigten sich alle drei synchron zur Seite und verharrten in einem Winkel von etwa 30 Grad zum Horizont, nicht gerade ein typisches Verhalten für konventionelle Fluggeräte. Die Lichter entlang ihren Rändern pulsierten in wechselnden Farben. Wie alle anderen gesichteten Objekte und Flugkörper waren auch diese vollkommen lautlos. Als ich sie durch mein Questar in 80facher Vergrößerung beobachtete, meinte ich an den Seiten Öffnungen erkennen zu können, die großen rechteckigen Fenstern ähnelten. Als ich den Versuch wagte, mittels Stroboskoplichtzeichen mit ihnen zu kommunizieren, flogen sie weg. Mein Dorf wurde später in einer landesweit publizierten UFO-Zeitschrift als der Ort mit der größten Zahl von UFO-Sichtungen in jenem Jahr (1966) aufgeführt.

Als Einwand gegen die Existenz von UFOs wird oft die Frage gestellt: »Wenn es dort draußen intelligente außerirdische Lebewesen gibt, warum haben sie nicht ausdrücklicheren Kontakt zu uns aufgenommen?« Dazu meine ich, übereinstimmend mit Nicolai Levashov,[9] daß diese Frage mehr über unsere Selbsttäuschungen aussagt als über die Existenz von Außerirdischen. Wenn sie uns in Sachen Intelligenz und Naturbeherrschung so überlegen sind, wie wir es angesichts der Fähigkeiten ihrer

Raumfahrzeuge annehmen müssen, weshalb bilden wir uns dann ein, wir würden ihre Mitteilungen verstehen, wenn sie uns welche zukommen ließen? Während wir elektromagnetische Wellen als Übertragungsmedium für unsere Sprache benutzen, bedienen sie sich vielleicht telepathischer Übermittlungsverfahren. Vielleicht bombardieren sie uns seit vielen Jahren mit Informationen, und vielleicht sind wir einfach in unserer Bewußtseinsentwicklung noch nicht weit genug, um ihre Signale aufzufangen und zu verstehen!

Auf der Basis veröffentlichter Berichte, persönlicher Beobachtungen, eigener Experimente mit Orgonenergie im Vakuum und mit Pendeln sowie theoretischer Berechnungen gelangte Reich zu dem Schluß, das UFOs real und außerirdischer Herkunft seien, daß sie ihre Flugkörper mit Orgonenergie antrieben Seiten 152f. und auf diese Weise »unendlich hohe« Geschwindigkeiten erreichten und daß sie gegenüber der Erde und ihren Bewohnern bewußte Absichten verfolgten. Levashov, der behauptet, unmittelbare Verbindung zu Außerirdischen gehabt zu haben, hat Informationen vorgelegt, die die meisten von Reich angestellten Vermutungen stützen. Ihm zufolge existieren im Kosmos viele Millionen Zivilisationen, verteilt auf (mindestens) einige hundert Universen. Abgesandte dieser Zivilisationen besuchen regelmäßig die Erde, um sich ein Bild von den zwischenzeitlichen Ergebnissen eines kosmischen Experiments zu machen, das vor rund 30.000 Jahren in Gang gesetzt worden ist. Levashov hält es Seite 153 zwar für möglich, daß der Ritt auf den Kreiselwellen kosmischer Orgonströme unter Nutzung des Orgons als Antriebsenergie, wie von Reich angenommen, die Fortbewegungsart mancher extraterristrischen Raumschiffe ist, behauptet jedoch, viele andere, technisch fortgeschrittenere Raumbewohner überwänden lange Strecken durch Dematerialisierung und Rematerialisierung ihrer physischen Strukturen. Eine weitere These Levashovs besagt, einige der intelligenten Zivilisationen des Kosmos hätten positive und andere hätten negative Absichten in bezug auf die Freiheit der Menschheit; er nennt sie »weiße« und »dunkle« Kräfte. Da Reich die Existenz einer »guten«, »lebensbejahenden« (Orgon) und einer »bösen«, »lebensfeindlichen« Energie (DOR) postuliert hatte, können wir legitimerweise die Frage stellen, ob nicht die von Levashov beschriebenen »weißen« und »dunklen« Kräfte funktional analog zu diesen antagonistischen Energien sind.

Mir fällt in diesem Zusammenhang eine Anekdote über Reich ein, die Bernard Grad mir erzählt hat, der früher als Professor an der McGill University lehrte und Reich-Schüler war, solange Reich in Maine lebte. Grad, der einmal wöchentlich zur Therapie zu Reich fuhr, staunte jedesmal erneut über die Originalität und Produktivität dieses Mannes. Jede Woche schien er eine bedeutende neue naturwissenschaftliche Entdeckung gemacht zu haben. Grad wollte von Reich wissen, wie er das mache. Reich antwortete, nach der Arbeit ziehe er sich jeden Abend in sein Laboratorium zurück und setze sich still hin. Nach kurzer Zeit spüre er, wie spontan Energie in seinen Kopf hochsteige und dort expandiere; dann käme ihm eine neue Idee oder Einsicht in den Sinn. Bei einer anderen Gelegenheit erzählte Reich, daß ihm manchmal Ideen oder Problemlösungen im Traum eingefallen seien.

Im Lichte dieser Einblicke dürfen wir die Möglichkeit nicht von der Hand weisen, daß Reich im Köcher seines Repertoires für die Lösung naturwissenschaftlicher Probleme auch die Fähigkeit hatte, mit den Antennen seines Geistes in den Weltraum hinauszuhorchen und Informationen aufzufangen, die dort draußen auf diejenigen warten, die die richtige Wellenlänge einzustellen in der Lage sind. Das Konzept eines »Bewußtseinsfeldes«, in dem Informationen gespeichert sind, wird seit vielen Jahren diskutiert; es hat starken Auftrieb erhalten durch die Arbeiten Sheldrakes[10] und in allerjüngster Zeit durch experimentelle Arbeiten, die am Princeton Engineering Anomalies Research Laboratory von Radin und Rebman sowie von mir selbst durchgeführt worden sind.[11] Wenn wir uns Reichs offensichtlich hoch entwickelte Fähigkeit zur Bewußtseinsschärfung vergegenwärtigen, müssen wir als wahrscheinlich annehmen, daß er in der Lage war, mit Hilfe seiner funktionellen Denkweise in das Informationsreservoir dieses Feldes einzutauchen und es für sich fruchtbar zu machen.

Tiburon, California
1. August 1995

Nachweise

Über Wilhelm Reich und OROP Wüste

1 *Wilhelm Reich. Das Leben des großen Psychoanalytikers und Forschers, aufgezeichnet von seiner Frau und Mitarbeiterin*, München 1975, Seite 146f.

2 *Eine neue Methode der Wetterkontrolle*, Berlin 1985, Seite 30

3 *Der Traumvater. Meine Erinnerungen an Wilhelm Reich*, München 1973, Seite 25f.

4 *Wilhelm Reich. Der heilige Zorn des Lebendigen. Die Biografie*, Berlin 1994, Seite 521f.

5 *Psychoanalyse und Marxismus. Eine intellektuelle Biographie Wilhelm Reichs*, Frankfurt 1972, Seite 139

6 *Wilhelm Reich über Sigmund Freud*, o.O. (»Schloß Dätzingen: Fantasia Druck«) und o.J. – Raubdruck der Niederschrift eines Gesprächs, das K. R. Eissler 1952 mit W. R. geführt hat.

7 *Hör zu Kleiner Mann*, Frankfurt 1975, Seite 89

Lesebegleitung

Bechmann, A. (1995): Nachmaterialistische Naturwissenschaft – Argumente und Skizzen zum Paradigmenwandel in der Lebensforschung, Barsinghäuser Berichte, Heft 54, Barsinghausen

–,– (1995): Zwischenstation – Bericht über Programm, Entwicklung und Arbeit am Institut für ökologische Zukunftsperspektiven, Barsinghäuser Berichte, Heft 55, Barsinghausen

Berlitz, Ch., und Moore, W. (1985): Der Roswell-Zwischenfall – Die UFOs und die CIA, Knaur, München

Blasband, R. (1971): CORE Progress Report, in: Journal of Orgonomy, Jg. 5, Heft 2

–,– (1972): OROP Hurricane Doria, in: Journal of Orgonomy, Jg. 6, Heft 1

–,– (1972): CORE Progress Report 2, in: Journal of Orgonomy, Jg. 6

–,– (1973): CORE Progress Report 3, in: Journal of Orgonomy, Jg. 7, Heft 1

–,– (1974): CORE Progress Report 4, in: Journal of Orgonomy, Jg. 8, Heft 1

–,– (1975): CORE Progress Report 5, in: Journal of Orgonomy, Jg. 9, Heft 1

–,– (1976): CORE Progress Report 6, in: Journal of Orgonomy, Jg. 10, Heft 1

–,– (1977): CORE Progress Report 7, in: Journal of Orgonomy, Jg. 11, Heft 1

–,– (1977): CORE Progress Report 8, in: Journal of Orgonomy, Jg. 11, Heft 2

–,– (1978): CORE Progress Report 9, in: Journal of Orgonomy, Jg. 12, Heft 1

–,– (1984): CORE Progress Report 12, in: Journal of Orgonomy, Jg. 18, Heft 1

Blasband, R., und DeMeo, J. (1985): CORE Progress Report 13, in: Journal of Orgonomy, Jg. 19, Heft 2

Blasband, R.; DeMeo, J., und Morris, R. (1987): CORE Progress Report 15 – Breaking the 1986 Drought in the Eastern U.S., in: Journal of Orgonomy, Jg. 21, Heft 1

Boadella, D. (1981): Wilhelm Reich, Bern/München

Buttlar, J. v. (1992): Das UFO-Phänomen – Beweise für unheimliche Begegnungen der ersten, zweiten und dritten Art, Ullstein, Berlin

Collins, A. (1994): Alien Energy – UFO's ritual Landscapes and the human mind – ABC-Books, Essex

Constable, T. (1971): Operation "Kooler" – Conquest of a Southern California Heat Wave, in: Journal of Orgonomy, Jg. 6, Heft 1

–,– (1971): Operation "Backwash" 1 – Rainmaking, Los Angeles Basin Area, in: Journal of Orgonomy, Jg. 5, Heft 2

DeMeo, J. (1985): Field Experiments with the Reich Cloudbuster: 1977–83, in: Journal of Orgonomy, Jg. 19, Heft 1

–,– (1989): So, Du willst also einen Cloudbuster bauen? – Ein rationales Herangehen an die Entwicklung der kosmischen Orgontechnik und der Lösung von Problemen, die mit dem wachsenden Interesse am Cloudbusting einhergehen; in emotion, Heft 9, Frankfurt/M.

–,– (1989): Desert Expansion and Drought: Environmental Crisis, in: Journal of Orgonomy, Jg. 23, Heft 1

–,– (1989): CORE Progress Report 20 – Breaking the Drought Barriers in the Southwest and Northwest U.S., in: Journal of Orgonomy, Jg. 23, Heft 1

–,– (1992): OROP Israel 1991–92 – A Cloudbusting Experiment to Restore Wintertime Rains to Israel and the Eastern Mediterranean during an extended period of drought (vervielfältigtes Manuskript), El Cerrito, Kalifornien

–,– (1994): Der Orgonakkumulator – Ein Handbuch, Verlag Zweitausendeins, Frankfurt/M.

DeMeo, J., und Metz, M. (1992): Proposal for an Experiment: Alleviating Drought in Namibia by Inducing Rainfall with the Cloudbuster Technology (vervielfältigtes Manuskript), El Cerrito und Berlin

Eden, J. (1971): Planet in Trouble, Exposition Press, New York

–,– (1972): Drought Relief in the Northwest, in: Journal of Orgonomy, Jg. 6, Heft 1

–,– (1979): Operation Firebreak, in: Journal of Orgonomy, Jg. 13, Heft 2

–,– (1979): OROP Schweizer Basin, in: Journal of Orgonomy, Jg. 13, Heft 1

Feyerabend, P. (1979): Erkenntnis für freie Menschen, Suhrkamp, Frankfurt/M.

Freihold, J. (o. J.): Der Orgonakkumulator nach Wilhelm Reich, Edition Space, Berlin

Fuckert, M. (1986): OROP Tschernobyl (vervielfältigtes Manuskript), Eberbach

Gebser, J. (1986): Ursprung und Gegenwart, dtv

Hofmann, W. (1968): Wissenschaft und Technologie, in: Hofmann, W.: Universität, Ideologie und Gesellschaft – Beiträge zur Wissenssoziologie, Suhrkamp, Frankfurt/M.

Hough, P., und Randles, J. (1994): The complete book of UFO's – An Investigation into Alien Contacts and Encounters, London
Kelley, Ch. (1985): Eine neue Methode der Wetterkontrolle, Plejadenverlag, Berlin
Keyhoe, D. (1950): Flying Saucers Are Real, Fawcett
Konitzer, M. (1987): Wilhelm Reich zur Einführung, Hamburg
Kuhn, T. (1973): Die Struktur wissenschaftlicher Revolutionen, Suhrkamp, Frankfurt/M.
Laska, B. (1981): Wilhelm Reich, Rowohlt Verlag, Reinbek
Lassek, H. (1992): Ein Beitrag zur Krebstheorie und Krebstherapie nach Wilhelm Reich, in: emotion, Heft 10
–,– (1993): Technik und Ethik, Reclam Verlag, Stuttgart
–,– (1995): Über Wilhelm Reichs Bionexperimente, Verlag Zweitausendeins, Frankfurt/M.
Ludwiger, J. von (1994): Der Stand der UFO-Forschung, Verlag Zweitausendeins, Frankfurt/M.
Luhmann, N. (1984): Soziale Systeme – Grundriß einer allgemeinen Theorie, Suhrkamp, Frankfurt/M.
Moise, W. (1954): OROP Hurricane Edna, Orgone Institute Press, New York
–,– (1954): OROP Drought Atlantic Coast – Summer 1954, Orgone Institute Press, New York
Ollendorff-Reich, I. (1975): Wilhelm Reich, München
Raknes, O. (1973): Wilhelm Reich und die Orgonomie, Frankfurt
Reich, P. (1975): Der Traumvater, München
Reich, W. (1933): Massenpsychologie des Faschismus, Kopenhagen
–,– (1951): The Oranur Experiment – First Report, Rangeley
–,– (1951): The ORgone Energy Accumulator, Rangeley
–,– (1951): Cosmic Superimposition, Rangeley
–,– (1969): Die Funktion des Orgasmus, Köln
–,– (1970): Charakteranalyse, Köln
–,– (1971): Die Massenpsychologie des Faschismus, Köln
–,– (1974): Der Krebs, Köln
–,– (1976): Ausgewählte Schriften, Köln
–,– (1978): Christusmord, Olten und Freiburg
–,– (1983): Äther, Gott und Teufel, Frankfurt
–,– (1995): Die Bionexperimente, Verlag Zweitausendeins, Frankf.

–,– (1995): OROP Wüste, Verlag Zweitausendeins, Frankfurt/M.
Rosenblum, F. (1976): Atmospheric Pulsation, in: Journal of Orgonomy, Jg. 10, Heft 1
Schnabel, J. (1994): Dark White – Aliens, Abductions and the UFO Obsession, Penguin Books, London
Senf, B. (1989): Einführung in die Orgonforschung Wilhelm Reichs, Barsinghäuser Berichte, Heft 14, Zukunfts-Institut Barsinghausen
Sharaf, M. (1994): Wilhelm Reich – Der heilige Zorn des Lebendigen – Die Biografie, Simon & Leutner, Berlin
Stegmüller, W. (1975): Hauptströmungen der Gegenwartsphilosophie – Eine kritische Einführung, Bd. II, Alfred Kröner Verlag, Stuttgart
Storm, R. (Hrsg.) (1994): Umweltrecht, Beck Texte, Deutscher Taschenbuch Verlag, München

R. A. Blasband, OROP und meine Erfahrungen

1 Vgl. Wilhelm Reich, *Äther, Gott und Teufel*, Frankfurt 1983

2 In den letzten Jahren haben Theorien, die Phänomene wie »Chaos« und »Komplexität« thematisieren und an vorderster Front der Schulwissenschaft diskutiert werden, an einigen Grundsätzen des mechanistischen Lehrgebäudes zu rütteln begonnen. Doch auch die Verkünder der Chaostheorie tun sich schwer, die elementaren Kräfte zu verstehen, die dem spontanen Pulsieren, einer fundamentalen Eigenschaft des Lebens, zugrunde liegen.

3 Das *Journal of Orgonomy* kann bezogen werden vom American College of Orgonomy, PO Box 490, Princeton, N. J. 08542. *Pulse of the Planet* wird herausgegeben vom Orgone Biophysical Research Laboratory, PO Box 1148, Ashland, Oregon 97520

4 Richard Blasband, »Orgonomic Functionalism in Problems of Atmospheric Circulation«, Teil 2, »The Drought«, *Journal of Orgonomy*, 4:1, 1970

5 James DeMeo, »Field Experiments with the Reich Cloudbuster«, *Journal of Orgonomy*, 19:1, 1985

6 James DeMeo, »OROP Israel 1991–1992: A Cloudbusting Experiment to Restore Wintertime Rains to Israel and the Eastern Medi-

terranian During an Extended Period of Drought«, *Pulse of the Planet*, Nr. 4, 1993

7 Richard Blasband, »Orgonomic Functionalism in Problems of Atmospheric Circulation«, Teil 1, »The Normal Atmosphere«, *Journal of Orgonomy*, 3:3, 1969

8 P. Guerin, »A scientific analysis of four photographs of a flying disk near Lac Chauvet (France)«, *Journal of Scientific Exploration*, 8:4, 1994. M. J. Carlotto, »Digital video analysis of anomalous space objects«, *ebd.*, 9:1, 1995

9 Nicolai Levashov ist ein aus Rußland stammender Physiker, Hellseher und »Wunderheiler«, der gegenwärtig in San Francisco lebt. Da er ein begnadeter geistiger Wanderer ist, stammen seine Erkenntnisse über die Natur des Weltraums, der Erde und des Menschen aus dem unmittelbaren mentalen Kontakt mit Außerirdischen, ferner aber auch aus hellseherischer Intuition, Experimenten und rationaler Ableitung. Sein Buch *Final Appeal to Mankind* ist im Erscheinen.

10 R. Sheldrake, *A New Science of Life: The Hypothesis of Formative Causation*, Los Angeles: J. P. Tarcher 1981

11 D. Nelson, G. J. Bradish, Y. H. Dobyns, B. J. Dunne, R. G. Jahn, »Field-REG Anomalies in Group Situations«, *Technical Note*, PEAR 95003, Juni 1995. R. A. Blasband, »The Ordering of Random Events by Emotional Expression«, unveröff. Manuskript, vorgetragen bei der Jahrestagung der Society for Scientific Exploration, Juni 1995. D. Radin und J. M. Rebman, »Anomalous Organisation of Random Events by Group Consciousness«, Vortrag auf der Jahrestagung der Society for Scientific Exploration, Juni 1995

Personen- und Sachregister

zu OROP Wüste von Wilhelm Reich

Über die Autoren

Arnim Bechmann, Professor am Institut für Landschaftsökonomie der TU Berlin und Leiter des Instituts für ökologische Zukunftsperspektiven GmbH, Barsinghausen; Mathematik- und Physikstudium in Göttingen; 1977 Habilitation an der TU Hannover im Fachgebiet Planungstheorie und Planungsmethodik; 1980–83 Mitglied und Sprecher des Vorstands des Öko-Instituts Freiburg; 1983–84 Vorstand der Arbeitsgemeinschaft Ökologischer Forschungsinstitute (AGÖF).

Das 1986 von A. Bechmann gegründete Zukunftsinstitut Barsinghausen ist ein praxisorientiertes Forschungsinstitut, an dem in den letzten Jahren Projekte zur Revitalisierung von Waldbäumen, zum ökologischen Landbau sowie ökologische Folgenabschätzungen und Umweltverträglichkeitsprüfungen durchgeführt worden sind.

Richard A. Blasband, Psychiater und Mitglied des American Board of Psychiatry and Neurology; seit 1962 klinische Praxis als orgonomischer Arzt und mit orgonomischer Forschung befaßt; ehem. Direktor des American College of Orgonomy, ehem. Herausgeber des Journal of Orgonomy, in dem über 50 Artikel zur orgonomischen Biophysik und orgonomischen Wetterbeeinflussung aus seiner Feder erschienen sind.

R. A. Blasband ist gegenwärtig Forschungsdirektor des kalifornischen Center for Functional Research und Forschungsmitglied der International Consciousness Research Laboratories; er untersucht mit klinischen und experimentellen Methoden die Struktur des menschlichen Bewußtseins und dessen Einfluß auf die Lebensenergie und psychische Heilungsprozesse.

Dieses Buch wurde gedruckt
auf Recyclingpapier. Es besteht aus 60% bedrucktem
Altpapier und 40% unbedrucktem Altpapier.

Der Karton des Einbandes ist
zu 75% recycled.